Danielle Spera & Toni Faber

Wie ein jüngerer Bruder

*»Der Glaube Jesu eint uns,
der Glaube an Jesus trennt uns.«*

Inhalt

Voneinander lernen
und zuhören:
Ein gemeinsames Vorwort
von **Danielle Spera**
und **Toni Faber**

Zunächst einmal möchten wir uns bei Ihnen bedanken, dass Sie sich der Lektüre unseres Buches widmen. Die Partnerschaft, der Dialog zwischen unseren beiden Religionen, ist in unserem Leben immanent. Wir beide beschäftigen uns seit vielen Jahren beständig mit dem Thema Judentum und Christentum und damit, wie eng beide als Geschwister miteinander verbunden sind. Immer wieder werden wir mit Fragen konfrontiert, die sich damit befassen, wie unsere Religionen entstanden sind und wie es möglich war, dass es trotz der gemeinsamen Wurzeln über Jahrhunderte hinweg zu einer erbarmungslosen Verfolgung von Jüdinnen und Juden kommen konnte.

Das Verhältnis des Christentums zum Judentum war zumeist von Hass erfüllt. Vor allem der falsche Vorwurf, dass Juden für den Tod von Jesus verantwortlich seien und dadurch große Schuld auf sich geladen hätten, hat in weiten Teilen dazu beigetragen, die Feindschaft gegen Jüdinnen und Juden anzufachen und sie vielfach zu multiplizieren. Dies auch vor dem Hintergrund eines weithin verbreiteten Unwissens über die jüdische Religion und den damit verbundenen Ritualen und Traditionen, und dadurch oft mit einer einhergehenden Ablehnung. Dabei wäre alles doch vermeintlich einfach: Juden und Christen beten denselben Gott an – er ist ein Gott, der von Juden und Christen gleichermaßen geheiligt wird. Das Christentum hat sich aus der jüdischen Religion entwickelt und lässt sich als deren jüngerer Bruder oder jüngere Schwester ansehen.

Was uns unterscheidet, ist der im Christentum inhärente Glaube an Jesus als Messias, als Heilsverkünder, als Retter der Welt, und seine Anbetung. Im Judentum wartet man noch immer auf den Messias (Maschiach = »Gesalbter« Gottes), mit dessen Ankunft auch der ewige Frieden einsetzt und die Erlösung beginnt. Jesus und auch die Apostel lebten bis zu ihrem Tod als Juden. Das Entstehen einer eigenen Religion mit einer Abgrenzung durch die Absage an viele jüdische Regeln, Rituale und Traditionen hat sich erst später entwickelt, worüber wir in diesem Buch auch sprechen.

Die Idee dazu ist übrigens durch ein Interview entstanden, das wir für das jüdische Magazin NU (nunu.at) geführt haben, und das für große Resonanz gesorgt hat. Es ist auch der Hartnäckigkeit unserer lieben Freundin Helene von Damm sowie der Kreativität unserer Verlegerin Katarzyna Lutecka zu verdanken, dass dieses Buch nun vorliegt. Dafür möchten wir uns herzlich bedanken.

Das Verhältnis zwischen Christentum und Judentum hat sich in den letzten Jahrzehnten eindeutig zum Positiven geändert, dennoch bleibt noch immer viel Unwissenheit und Unsicherheit

Voneinander lernen und zuhören:
Ein gemeinsames Vorwort von
Danielle Spera und Toni Faber

darüber, wie die Geschwister miteinander umgegangen sind und noch immer miteinander umgehen. Wie ist die christliche Religion aus dem Judentum heraus entstanden, was sind die großen Fragen zu dieser Entstehung, und wie unterscheiden sich hier die Wege? Diese Fragen wollten wir im Lauf unserer zahlreichen Gespräche erörtern und sie mit Ihnen teilen. Auf unserem Weg wurden wir umsichtig vom ehemaligen Dekan der Katholisch-Theologischen Fakultät der Universität Wien und dem wichtigsten Vordenker des jüdisch-christlichen Dialogs in Österreich, Prof. Martin Jäggle begleitet, bei dem wir uns – auch für sein Vorwort – herzlich bedanken. Ebenso bedanken wir uns bei Oberrabbiner Jaron Engelmayer für seine wunderbaren Gedanken zum Eingang dieses Buchs. Unser Dank gilt auch dem Vorstand des Instituts für Bibelwissenschaften, Prof. Markus Tiwald, der mit seinem jüngsten Forschungsprojekt über das Frühjudentum und das beginnende Christentum neue und wichtige Erkenntnisse über die gemeinsamen Wurzeln und das Auseinandergehen der beiden Religionen liefert.

Was wir Ihnen mit auf den Weg geben möchten, sind Gedanken darüber, dass wir nicht auf den Messias warten sollten, damit die Welt in Frieden, Gerechtigkeit, Freude und Harmonie leben kann, sondern vielleicht, was jede Einzelne, jeder Einzelne von uns dazu beitragen kann, dass wir jetzt schon in einer besseren Welt leben können. Im Judentum gibt es dazu den Begriff Tikkun Olam, die Vervollkommnung der Welt, die Wiederherstellung des ursprünglichen Zustands der Schöpfung. Hier gilt es, die im Judentum wie im Christentum verortete Nächstenliebe, wie sie im 3. Buch Mose (Wajikra/Lev 19,18) niedergeschrieben ist (»Liebe deinen Nächsten wie dich selbst«), zu leben; fürsorgliche Verantwortung für unsere Umgebung zu übernehmen und auch mit unserer Umwelt in einem behutsamen Einklang zu leben. In diesem Sinn hoffen wir, dass dieses Buch Ihnen einige Anregungen bieten kann. Voneinander lernen und zuhören kann ein erster Schritt sein.

Vorwort:
Oberrabbiner
Jaron Engelmayer

Das Christentum entsprang nicht nur historisch und geografisch dem Judentum, sondern auch theologisch-religiös, und hatte zunächst während der ersten Jahrhunderte sehr ähnliche Grundlagen – mit dem bedeutenden Unterschied des Glaubens an Jesus. Als es sich aber stärker global zu orientieren und an die damalige Heidenwelt hinzuwenden begann, wurden auch die gemeinsamen religiösen Grundlagen mit dem Judentum zunehmend vermindert, teilweise als Beschlüsse verschiedener Konzile. So wurde der Ruhetag, der jüdische Schabbat (Sabbat), Teil des Dekaloges, vom siebten auf den ersten Tag der Woche gelegt. Auch gelten an ihm nicht dieselben Werktätigkeitsverbote wie von jüdischer Seite. Die Beschneidung soll nicht mehr physisch, sondern metaphorisch am Herzen vorgenommen werden. Gesetze und Regeln der Essensvorschriften für koschere Nahrung gelten nicht. Jerusalem als Zentrum g"ttlicher Offenbarung und gebündelter Heiligkeit wird nicht mehr als irdischer Ort, sondern metaphorisch als Jerusalem des Himmels verstanden. Allgemein wurde durch die Wandlung weg von der jüdischen Religion, welche die Religionspraxis und die damit verbundenen zahlreichen Auflagen im Mittelpunkt seines Bekenntnisses sieht, hin zu einer Religion, welche das Herzensbekenntnis als Zentrum ihrer Glaubenswelt erkennt, auch die Möglichkeit eröffnet, die Völker der damaligen Zeit anzusprechen und zu überzeugen.

Dennoch blieben viele jüdische Inhalte im Christentum erhalten. Die Prophetenschriften des Tanach, der 24 Prophetenbüchern des jüdischen Kanons, sind auch Bestandteil der christlichen Bibel und machen einen großen Teil des »Alten Testaments« aus. Zentrale Sätze wie »Liebe deinen Nächsten wie dich selbst« haben direkten Eingang von der Tora (Wajikra/Lev 19,18) in das Herzstück der christlichen Religion erlangt.

Auf die vielen Grundlagen des Christentums aus dem Judentum zielt auch folgende Anekdote ab: Als kurz nach der Staatsgründung Israels ein Antisemit dem Kantor der jüdischen Gemeinde im schweizerischen Lausanne, Zecharia Berkowitz, entgegenschleuderte: »Verlasst Lausanne, jetzt, wo ihr euer eigenes Land habt, geht dahin! Wir haben euch genug ausgehalten.«, antwortete Berkowitz: »Wir mögen Fehler haben, aber wir vernachlässigen nicht unsere Familie. Wenn ich gehe, dann nehme ich meine Familie mit: König David und seine Psalmen und Lieder – welche Gebete werdet ihr dann sprechen? Jesaja und seine Prophetien ... was wird euch bleiben? Jesus? War auch Jude ...«

Gemeinsamkeiten gibt es aber nicht nur an der Wurzel und in den Schriften, auch an den bekannten Feiertagen im christlichen Kalender sind die jüdischen Ursprünge oft sichtbar. Einige Beispiele hierfür: Weihnachten etwa beginnt am Abend des 24. Dezembers und wird am darauffolgenden Tag fortgesetzt. Ansonsten ist es üblich, den Tag um Mitternacht zu beginnen und zu beenden, warum nicht hier? Im Judentum beginnt der Tag stets mit Sonnenuntergang und endet am folgenden Abend, wie es in der Schöpfungsgeschichte bereits heißt: »Und es war Abend, und es war Morgen – der erste Tag.« (Bereschit/Gen 1,5).

Der erste Januar ist nicht nur Neujahr und Jahresbeginn des allgemeinen Kalenders, bis in die Sechzigerjahre des vorigen Jahrhunderts wurde er in der katholischen Kirche auch als »Fest der Beschneidung« begangen. Denn der achte Tag nach Geburt eines jüdischen Jungen ist in der Regel auch der Tag seiner Beschneidung, und der erste Januar, der achte Tag nach dem 24./25. Dezember, war folglich der Tag der Beschneidung Jesu, wie im Lukasevangelium beschrieben (2,21).

Das Osterfest hat im christlichen Kalender kein festes Datum, denn es richtet sich nach dem ersten Vollmond im Frühling. Erinnert das nicht an das Datum des jüdischen Pessachfestes, welches stets am 15. des Frühlingsmonats (Nissan), also bei Vollmond, stattfindet? Und ist es nicht eine interessante Parallele, dass das Pfingstfest, was abgeleitet vom altgriechischen »pentikosti« übers Alt- ins Mittelhochdeutsche »pfingsten« = »fünfzig« bedeutet, 50 Tage nach Ostern stattfindet, ebenso, wie laut der Tora 50 Tage nach dem Pessachfest das jüdische Schawuot-Fest (wörtl. »Wochenfest«, abgeleitet von sieben Wochen) stattfinden soll?

Gemeinsamkeiten sind also nach wie vor viele zu entdecken. Dennoch steht ein nicht wegzudenkender grundlegender Unterschied zwischen den beiden Religionen, unausweichlich: die Person Jesus und seine Bedeutung. Dessen Anerkennung entsprach der Erwartungshaltung, oft auch der Forderung der Kirche und ihrer Vertreter gegenüber der jüdischen Bevölkerung, welche für diese zu zahlreichen Tragödien führte, wie beispielsweise die Vertreibung aus Spanien und die Inquisition. Der Anspruch der Substitutionslehre, dass das Christentum als »Neues Israel« das alte Israel ersetzen würde, ließ keinen Raum mehr für das Judentum.

Mit dem Zweiten Vatikanischen Konzil (1962–1965), und im Zuge desselben mit der Erklärung *Nostra aetate*, eröffnete sich ein neues Zeitalter für die christlich-jüdische Beziehung. Denn diese schafft eine gänzlich andere Grundlage, indem mit ihr die Kirche dem Judentum einen eigenen Heilsweg, eine eigene Bestimmung und damit auch ein absolutes Existenzrecht zugesteht. Zugleich ist die

Anerkennung, dass mehr als nur ein Weg zu G"tt führen kann, ein großer Meilenstein in der christlichen Theologie. Seither sind die Beziehungen zwischen Christen und Juden gewachsen und gediehen und haben eine feste und solide Grundlage des Vertrauens erhalten, denn nun können sich die beiden Religionen theologisch »auf Augenhöhe« begegnen.

Als ich vor 15 Jahren die Stelle des Rabbiners von Köln antrat, wurde ich dem Kölner Erzbischof Kardinal Meisner vorstellig. Nach einem persönlichen Gespräch und Austausch traten wir vor die Journalisten, und der mehr als 40 Jahre ältere Kardinal verkündete vor versammelter Menge, Humor mit Essenz verbindend: »Darf ich Ihnen vorstellen: mein älterer Bruder.« Ein solcher Satz wäre in früheren Zeiten wohl kaum denkbar gewesen.

Es sind große, hoffnungsversprechende Zeichen unserer Zeit; mannigfache gemeinsame Deklarationen zeichnen den versöhnlichen Weg in die Zukunft, in starker Partnerschaft, in Anerkennung der gemeinsamen, aktuellen Herausforderungen (mit den Worten von Chief Rabbi Lord Jakobovits: das »moralische und ethische Gewissen der Gesellschaft zu kultivieren«), und dies vor allem in starker Partnerschaft nicht trotz, sondern dank aller Unterschiede.

Vorwort:
Prof. Martin Jäggle

Dieses Buch dokumentiert das lesenswerte Interview der Wiener Jüdin Danielle Spera mit dem stadtbekannten Wiener Dompfarrer Toni Faber und ist Grund zur Freude in einer Stadt, zu der wieder ein blühendes jüdisches Leben gehört. Zur Stadt der Musik gehört auch »Shalom – Music Between Friends«, ein oftmaliges musikalisches Freundschaftstreffen (jüdisch, katholisch, evangelisch, säkular) unter anderem mit Oberrabbiner Paul Chaim Eisenberg (Gesang), Bischof Michael Bünker (Schlagzeug), Peter Schipka (Keyboard), Generalsekretär der Bischofskonferenz, und dem Jüdischen Chor (Leitung Roman Grinberg).

Dieses Interview zeigt beispielhaft, was in Wien, im Gegensatz zur antisemitischen Geschichte, im Verhältnis der katholischen Kirche zum Judentum möglich geworden ist. Denn gegen Ende des 19. Jahrhunderts war die Zahl der Priester »keine geringe, die sich in den Dienst der antisemitischen Agitation gestellt haben«, stellte der damalige Wiener Polizeipräsident fest, und bezeichnete den Pfarrer von St. Josef-Weinhaus, Josef Deckert (1843–1901), als »die Seele der antisemitischen Agitation«. Dieser antwortete auf die Frage, ob ein Priester Antisemit sein dürfe, mit voller Überzeugung: »Ja, er kann es, er soll es sein und, wenn er es noch nicht ist, soll und muss er es werden.« In der auf seine Initiative gebauten Pfarrkirche St. Josef-

Weinhaus organisierte Deckert, wiederholt verurteilt, aber nie kirchlich gemaßregelt, regelmäßig »antisemitische Conferencen«. Die Juden sind für ihn »geblieben, was sie waren: ein uns unsympathisches, christlichen Glauben und christliche Sitten zersetzendes Element, anders geartet als wir Arier.« Erst 1990 wurde der Pfarrer-Deckert-Platz vor der Kirche aus dem Verkehrsflächenverzeichnis der Stadt Wien gestrichen. 2012 begann die Pfarrgemeinde von St. Josef-Weinhaus sich mit den antisemitischen Umtrieben von Pfarrer Deckert auseinanderzusetzen und sich die durch das Zweite Vatikanische Konzil (1962–1965) eingeleitete Abkehr von der »Lehre der Verachtung« (Jules Isaac) zu einem neuen Verständnis der katholischen Kirche des jüdischen Volkes anzueignen. Das führte zur Erforschung der aus dem Pfarrgebiet nach 1938 vertriebenen und ermordeten jüdischen Bevölkerung, und 2015 zu einer Gedenktafel aus fünf Teilen: zwei biblische Zitate über die bleibende Erwählung des jüdischen Volkes, eine Erklärung des Pfarrgemeinderats, und zwei programmatische Sätze des kirchlichen Lehramts, davon Papst Franziskus, der mit dem Apostel Paulus sagen kann, »dass Gottes Treue zum Bund mit Israel nie aufgehört hat und dass die Juden durch die furchtbaren Prüfungen dieser Jahrhunderte hindurch ihren Glauben an Gott bewahrt haben. Und dafür werden wir ihnen als Kirche, aber auch als Menschheit, nie genug danken können.«

Das Beispiel zeigt, wie wichtig kirchliche Erklärungen sind, und wie lange doch grundlegende Veränderungen brauchen. Auch die Evangelische Kirche hat ein neues Kapitel im Verhältnis zum Judentum aufgeschlagen. In ihrer Erklärung *Zeit zur Umkehr – Die Evangelischen Kirchen in Österreich und die Juden* vom November 1998 werden zum Beispiel die Spätschriften Martin Luthers mit ihrer Forderung nach Vertreibung und Verfolgung der Juden »verworfen«. Dies ist die stärkste Form kirchlicher Verurteilung.

Nach der Katastrophe der Shoah hat in allen Kirchen ein Umdenken gegenüber dem Judentum begonnen. Sie werden sich ihrer Schuld immer deutlicher bewusst und sind auf dem Weg, den spirituellen und theologischen Reichtum Israels als Fundament ihres eigenen Glaubens neu zu entdecken. In diesem Sinn führt der Ökumenische Rat der Kirchen in Österreich (ÖRKÖ) am 17. Jänner 2024 den 25. »Tag des Judentums« durch, als »Tag des Lernens« von und mit Jüdinnen und Juden, als »Tag des Gedenkens« und als »Tag des Feierns«.

Pfarrgemeinden beginnen, sich mit antijüdischen und judenfeindlichen Darstellungen in ihren Kirchen auseinanderzusetzen (zum Beispiel die

Pfarrkirche Thörl-Maglern; Pfarrkirche Allerheiligen bei Wildon; Evangelische Pauluskirche, Wien Landstraße).

600 Jahre nach der Vertreibung und Vernichtung von Juden aus Wien, genannt Wiener Gesera, bekannte sich die Katholisch-Theologische Fakultät der Universität Wien am 12. März 2021 zur »Mitverantwortung aufgrund ihres Beitrags zum antijüdischen Klima, das der Wiener Gesera den Boden bereitete.« Und sie ging »die Selbstverpflichtung ein, die theologische Auseinandersetzung mit dem Judentum in Lehre und Forschung sowie die konkrete Kooperation mit der jüdischen Gemeinschaft weiterhin zu fördern«.

350 Jahre nach der Zweiten Wiener Gesera bat Kardinal Christoph Schönborn alle Wiener Pfarren, am 26. Juli 2020 im Sonntagsgottesdienst zu beten: »Den Juden wurde eine Frist bis 26. Juli 1670 gesetzt, um ihre Häuser zu räumen und Wien zu verlassen. Heute, nach 350 Jahren, blüht in dieser Stadt wieder jüdisches Leben auf. Wir bitten Dich, Allmächtiger, Gütiger Herr: Segne die Jüdinnen und Juden dieser Stadt und ihre Gemeinden, gib ihnen Bestand und Wachstum in Frieden.«

Erst der Schrecken über die Shoah führte zu »Geschwisterlichkeit statt Judenfeindschaft«. Entscheidend dafür war und ist das Engagement jüdischer Persönlichkeiten von Anfang an, so auch

bei der Gründung des »Koordinierungsausschusses
für christlich-jüdische Zusammenarbeit« im Jahre 1956, der zu gleichen Teilen evangelisch, jüdisch
und katholisch verantwortet wird.

Das Judentum ist eine der fünf großen Weltreligionen und die älteste monotheistische Religion.

Die wichtigste Schrift ist die Tora.

Das Judentum entstand etwa vor 3000 Jahren, als Gott den Bund mit Abraham schloss.

Auf der ganzen Welt leben etwa 15 Millionen Jüdinnen und Juden, davon etwa sieben Millionen in Israel.

Auf dem Berg Sinai erhielt Moses von Gott die 10 Gebote, sowie die 613 Gebote und Verbote (Mitzwot).

Was glauben Juden?

Jüdinnen und Juden sehen sich als Volk Gottes.

Nach orthodoxem jüdischem Gesetz ist Jude, wer eine jüdische Mutter hat.

Die Beschneidung der männlichen Nachkommen am achten Tag nach der Geburt besiegelt den Bund mit Gott.

Das Judentum ist keine missionarische Religion.

Unter der Herrschaft der Römer wurden die Juden aus Jerusalem und dem Land Israel vertrieben, das es seit 1948 wieder als Staat gibt.

Zu den religiösen Gesetzen gehört die Einhaltung der koscheren Speise- gesetze und des wöchentlichen Ruhetags Schabbat.

Jeder jüdische Feiertag beginnt am Vorabend des Festes, der Schabbat geht beispielsweise von Freitag- abend bis Samstagabend.

Das Judentum hat einen eigenen Kalender, der 3761 Jahre vor dem christlichen Kalender beginnt.

An Feiertagen findet man sich zum Gebet in der Synagoge ein.

Im Judentum gibt es kein Dogma und keinen Klerus, sondern viele verschiedene Strömungen mit verschiedenen Rabbinern und deren Auslegungen der Bibel.

Die übers Jahr verteilten Feiertage erinnern meist an historische Ereignisse in der jüdischen Geschichte.

Das Christentum
ist aus dem
Judentum
hervorgegangen.

Christinnen und
Christen glauben,
dass Gott Jesus als
Menschen geschickt
hat, um seine Liebe
zu zeigen.

Durch seine Reden,
Gleichnisse und
Berichte über
Wunder wurde Jesus
der römischen
Besatzungsmacht
verdächtig, und sie
ließ ihn kreuzigen.

Christinnen und
Christen glauben daran,
dass Jesus von den Toten
auferstanden ist.

Jesus gilt als
Messias.

Christinnen und
Christen glauben an die
Dreifaltigkeit/Trinität:
an Gott den Vater, an
Jesus, Gottes Sohn, und
an den Heiligen Geist.

Jesus Christus war
Wanderprediger in Galiläa
und sammelte einen Kreis
von Anhängern um sich, zwölf
von ihnen wurden zu
Aposteln.

Was glauben Christen?

Christen glauben an
das ewige Leben,
das nach dem Leben
auf der Erde folgt.

Die Geschichten von Jesus
und seinen Anhängern
wurden im Neuen Testament
niedergeschrieben.

Das katholische Christentum
kennt sieben Sakramente:
Die Taufe als erstes und
grundlegendes Sakrament,
die Eucharistie, die Firmung,
die Beichte, die Ehe, das
Weihesakrament und die
Krankensalbung.

Die Feiertage im
Christentum haben
mit dem Leben Jesu
zu tun.

Im elften Jahrhundert
wurde die Spaltung in
römisch-katholische
Kirche und Ostkirche
vollzogen.

Aus der Reformation
im 16. Jahrhundert
entstanden die
evangelischen
Kirchen.

Die katholische Kirche
verfügt über einen Klerus
und Ordensgemeinschaften,
die zölibatär leben.

Der Papst ist
das Oberhaupt
der katholischen
Kirche.

Das Christentum ist
mit rund 2,5 Milliarden
Anhängerinnen und
Anhängern die Größte
der Weltreligionen.

Juden und Christen glauben an denselben Gott, den Gott Abrahams, Isaaks und Jakobs.

Judentum und Christentum sind monotheistische Religionen.

Die hebräische Bibel, der Tanach oder das »Alte Testament«, stellt die schriftliche Grundlage beider Religionen dar und setzt wichtige moralische Prinzipien fest.

Viele christliche Rituale und Feiertage gehen auf einen jüdischen Ursprung zurück, zum Beispiel der Sonntag als christlicher Ruhetag, der aus dem jüdischen Schabbat entstanden ist.

Die Zehn Gebote bilden den Kern jüdischer und christlicher Ethik.

Indem sie nach dem Wort Gottes leben, streben Juden und Christen Gerechtigkeit und Frieden auf der Welt an.

Das christliche Abendmahl beruht auf dem Kiddusch, dem Segen über Wein und Brot, der heute noch zu jedem Schabbat und den meisten jüdischen Feiertagen gesprochen wird.

Was glauben sowohl Juden als auch Christen?

Das Gebot der Nächstenliebe entstammt der Tora und ist für Juden und Christen zentral.

Jesus war Jude und lebte nach jüdischen Vorschriften und Traditionen.

Gottesdienste werden meist in Synagogen und Kirchen abgehalten.

In Gottesdiensten werden Gebete gesprochen und Passagen aus den heiligen Schriften verlesen.

Beiden Religionen ist die Vorstellung eines Maschiach bzw. Messias gemein, der Gottes Willen verwirklichen soll.

Juden und Christen glauben an die Auferstehung nach dem Tod.

Die Bibelauslegung ist eine wichtige Praxis in Judentum und Christentum.

31

Gespräch

DANIELLE SPERA: Viele Christen sind sehr am Judentum interessiert. Wir erleben das auch dadurch, dass eine große Begeisterung da ist, wenn es um jüdische Kultur, Tradition, Kunst et cetera geht. Ich nenne stellvertretend den Tag der offenen Tür der Israelitischen Kultusgemeinde, das Jüdische Museum Wien oder das jüdische Straßenfest. Hier werden immer Besucherrekorde verzeichnet. Umso erstaunlicher ist es, dass das Wissen über das Judentum noch immer so gering ist und manche Vorbehalte noch immer so groß sind. Vielleicht liegt es auch daran, dass bei vielen Menschen die elementa-

ren Kenntnisse über dieses Thema fehlen. Immer wieder werde ich nach dem Ursprung der Religionen gefragt. Dass sich das Christentum aus dem Judentum entwickelt hat, nehmen so manche Menschen mit Erstaunen zur Kenntnis. Woher kommt es, dass so viele Christen noch immer nicht wissen, dass das Judentum der Ursprung des Christentums ist?

TONI FABER: Das war eine verdrehte Katechese, die sich über Jahrhunderte festgesetzt hat – durch die Gewalt, die Jüdinnen und Juden im Namen der Religion angetan wurde. Es wird vermutlich noch länger dauern, bis das aus allen Köpfen draußen ist. Aber gerade aus der schrecklichen Erfahrung der Shoah heraus muss jeder Mensch diese Barbarei begreifen und erkennen, dass der Antisemitismus mit uns zu tun hat. Niemand kann das leugnen. Niemand, der Mauthausen oder Auschwitz besucht. Oder wenn ich am Riesentor des Stephansdoms die Darstellungen des Judenhutes sehe; wenn ich weiß, was in der Gesera, der Zerstörung der Wiener jüdischen Gemeinde im Mittelalter passiert ist, in Wien vor unseren Türen, die Hinrichtungen von Jüdinnen und Juden an der Donau, wenn ich weiß, wo unsere Synagogen niedergebrannt worden sind. Die Ächtung, die Diskriminierung und sogar das Töten wurden in dem Irrglauben verübt, Gott ein

wohlgefälliges Opfer darzubringen. Da ist durch die Spannungen der Anfangszeit, die Abspaltung zwischen den vielen verschiedenen Gruppierungen eine Feindschaft gewachsen. Heute sollte es durch den Religionsunterricht oder die Volksbildungsangebote in Theologie und Spiritualität selbstverständliches Wissen sein, dass wir aus demselben Stamm kommen.

DANIELLE SPERA: Die Wissenslücken sind enorm. Im christlichen Gottesdienst finden sich viele jüdische Elemente. Angefangen beim Segen über Brot und Wein, den wir an jedem Feiertag und am wöchentlichen Schabbat sprechen, oder den

Psalmen, die aus der hebräischen Bibel stammen. Man müsste also eigentlich klarmachen, dass, wer einen Psalm liest, ein jüdisches Gebet spricht.

TONI FABER: Wir müssen uns vergegenwärtigen, dass unsere christliche Kirche im Gründungsdokument nur von jüdischen Frauen und Männern handelt und von nichts anderem. Die Heilige Schrift ist der erste Bund Gottes mit seinem Volk. Ich selbst habe nach Israel kommen müssen, um biblische Geschichte und Literatur zu studieren, damit ich endlich erkennen konnte, dass wir das Judentum nicht wie ein lebendiges Museum betrachten sollten, sondern dass es ein lebendiger Teil von uns ist. Ich erlebte Gottesdienste in Synagogen, habe Hebräisch studiert und mit Freude die Heilige Schrift gelesen. Ich war sehr stolz, dass ich mich auch im israelischen Alltag beweisen und Wegweiser oder auch Fahrpläne lesen konnte.

DANIELLE SPERA: Wenn wir bei der hebräischen Bibel bleiben: Es wird immer wieder von der christlichen Nächstenliebe gesprochen. Das ist nur zum Teil richtig. Denn die Pflicht zur Nächstenliebe stammt aus dem »Alten Testament«, aus den fünf Büchern Mose, wo im dritten Buch geschrieben steht: »Du sollst deinen nächsten lieben wie dich selbst« (Wajikra/Lev 19,18). Dabei hat sich im Christentum so lange die These gehalten, im »Alten Testament«, der hebräischen Bibel, sei vom strafenden Gott die Rede, im »Neuen Testament« vom barmherzigen Gott. Da wurde lange übersehen, dass in der hebräischen Bibel sehr wohl vom gütigen Gott die Rede ist. Zum Beispiel: Wie ein guter Herrscher sorgt er für sein Volk in der Wüste (Schemot/Ex 16; 17,1–7), er trägt es durch die Wüste, wie ein Vater seinen Sohn trägt (Dewarim/Dtn 1,31). Wie eine Mutter tröstet er sein Volk (Jes 66,13). Wieso spricht man immer davon, dass der jüdische Gott der strenge sei?

TONI FABER: Auch ich hatte diese Bilder im Hinterkopf. Während des Studiums hatte ich einen sehr engagierten Professor, der mit diesen Schemen aufgeräumt und uns die vielen Gottesbilder im Alten Testament erschlossen hat. In der Seelsorge, im Katechismus ist da vielleicht lange vieles in Bruchstücken geblieben, die vielen verschiedenen Beschreibungen Gottes, des Erbarmens und der Nächstenliebe. Nehmen wir beispielsweise das »Auge um Auge«, denn es meint eigentlich keinen ewig rächenden Gott, sondern im Gegenteil eine Eindämmung der Rache. Auf der akademischen Ebene ist das jedenfalls angekommen, sonst vielleicht nicht überall. Ich musste das sogar meinen Eltern klarmachen. In konservativen Kreisen herrscht auch heute manchmal noch immer Antisemitismus. Wir müssen uns der fürchterlichen Leidensgeschichte des jüdischen Volks stellen, die wir als Christen mitgeschrieben haben. Wir müssen das in einen neuen Kontext stellen, auch, was die künstlerischen Darstellungen am Dom anbelangt. Hier ist noch viel zu tun.

DANIELLE SPERA: Das heißt, der religiöse, christliche Antisemitismus existiert noch immer?

TONI FABER: Ja, in diesen diffusen Formen des sektiererischen, erzreaktionären Christentums, der verschrobenen Frömmigkeit. Dort gibt es überhaupt einen wissenschaftskritischen Ansatz, manche glauben tatsächlich daran, dass man Krankheiten gesundbeten kann. Aber was die Lehre des Papstes, der Bischöfe, des Katechismus betrifft, ist das vollkommen bereinigt – denn wir haben die Welt als Gabe Gottes zu betrachten, aus der wir das Beste machen müssen im Einklang mit dem Schöpfer, der uns diese Talente gegeben hat, um sie einzusetzen. Papst Paul VI. ist als erster Papst nach Israel gereist, Johannes Paul II. hat als erster Papst eine Synagoge besucht und sich mit Rabbinern ausgetauscht, Papst Franziskus hat ein Weltgebet initiiert, bei dem jüdische und muslimische Vertreter gemeinsam mit christlichen zusammenkommen. Damit wird deutlich aufgezeigt, dass wir alle Brüder und Schwestern sind.

DANIELLE SPERA: Das Judentum kommt ohne das Christentum aus, das Christentum aber nicht ohne das Judentum.

TONI FABER: Wir wären eine amputierte Religion ohne das Judentum. Es ist kaum mehr vorstellbar, was vor 1962–1965, also vor dem Zweiten Vatikanischen Konzil, unterrichtet wurde, dieses Schwarz-Weiß-Denken über den Gott der Rache und den Gott der Liebe. Wir sind gewarnt, dass wir nicht wieder in diese Gräben gelangen. Da ist ein kritisch hinterfragender Glaube notwendig.

DANIELLE SPERA: Wenn wir jetzt immer wieder erfahren, dass viele Christen wenig über den Beginn ihrer Religion wissen, sollten wir uns mit der Situation in der Region zur Zeit der Geburt von Jesus beschäftigen, damit wir ein bisschen besser verstehen, was damals los war. Es war die Zeit der römischen Besatzung Jerusalems und des gesamten Landes. Es war die Zeit nach Herodes, der das Land sehr autoritär geführt hatte; politische Gegner wurden brutal verfolgt und hingerichtet. Herodes war ein Herrscher, der sich selbst unglaublich inszenierte mit Palästen, die heute noch zumindest in Spuren vorhanden sind. Zu dieser Zeit wurde auch der Tempel in Jerusalem neu gestaltet. Nach Herodes' Tod begannen

Aufstände, eine Zeit der außerordentlichen Zersplitterung der verschiedenen jüdischen Gruppierungen. Da gab es Auseinandersetzungen zwischen Gruppen, die die jüdische Religion besonders streng auslegten und anderen, die die Regeln geringschätzten. Da waren zahlreiche selbsternannte jüdische Propheten und Wanderprediger unterwegs. Die Römer reagierten darauf mit Härte. In dieser schwierigen Ausgangslage hatten viele Jüdinnen und Juden im Land, die nicht so gebildet waren, vielleicht auch Sehnsucht nach jemandem, der ihnen Botschaften der Ruhe, der ihnen Hoffnung vermittelte, und ich glaube, das war wahrscheinlich der wesentliche Vorzug, die große Fähigkeit von Jesus.

TONI FABER: Ich glaube, Jesus hat es vermocht, Menschen um sich zu scharen. Wir wissen ja von Jesus eigentlich nur in Bezug auf seine öffentliche Wirksamkeit während seiner letzten drei Lebensjahre, und davor kennen wir nur die später geschriebenen Geschichten über seine Empfängnis, seine Geburt, über den zwölfjährigen Jesus im Tempel, und sonst herrscht Schweigen im Wald. Wir können nicht alles wissen. Im Evangelium heißt es, das Himmelreich wächst im Kleinen gemischt heran. Weizen wächst neben dem Unkraut, und wenn du versuchst, alles Unkraut auszureißen, bist du in großer

Gefahr, auch den Weizen auszureißen. Das heißt, diese verstehbare Neugierde, alles genau wissen zu wollen vom Tag der Empfängnis, vom Tag der Geburt, und in welche Schulen er gegangen ist et cetera, die stößt an gewisse Grenzen. Wir wissen aber, dass er voll und ganz Jude war, dass er das jüdische Gesetz einhielt, die jüdischen Rituale kannte, dass er ein jüdisches Leben lebte. Wir wissen, dass er mit seinen Eltern pilgern ging, und dass er mit ihnen im Tempel war.

DANIELLE SPERA: Jesus, auch seine Anhängerinnen und Anhänger, oder auch Jüngerinnen und Jünger, waren Jüdinnen und Juden. Sie lebten in der jüdischen Tradition und wandten sich auch nicht davon ab. Jesus als gelehrter Jude kannte die jüdischen Gesetze und Vorschriften und hat sich daran gehalten, an das Gebot, den Schabbat zu halten, die Speisevorschriften, die heiligen Schriften.

TONI FABER: Es ist sicherlich für uns jetzt eine große Herausforderung und hat mich auch fast überfordert. Ich habe versucht, die 150 Psalmen auswendig zu lernen, wie es jeder fromme Jude kann, aber bei etwa 40 Psalmen bin ich irgendwie stecken geblieben. Schon die ganzen Fünf Bücher Mose zu kennen, das ist für uns als Christen eine Herausforderung. Die Bücher Genesis oder Exodus lesen wir sehr gerne. Beim Buch

Levitikus bleibt jeder nicht allzu fromme Gesetzeskundige theologisch stecken, weil in diesen Kapiteln die Vorschriften für den priesterlichen Dienst verhandelt werden. Doch das ist für den Juden Jesus eine Selbstverständlichkeit gewesen, und daher müssen wir sehr demütig sein, unsere Neugierde ein bisschen zurückhalten und feststellen, dass vieles im Stillen bleibt.

DANIELLE SPERA: Hier war der Tanach (= Abkürzung für die Sammlung der Heiligen Schriften: »T« steht für Tora, die Fünf Bücher Mose; »N« für Newi'im, »Propheten«; »K«, das sich am Wortende in ein »ch« verwandelt, für Ketuwim, »Schriften«, also Sprüche, Prediger, Psalmen und die Bücher Esther, Ruth, Daniel), der bei den Christen »Altes Testament« genannt wird, bereits gegeben. Jesus hat den Tanach gekannt. Ist die Idee eines »Neuen Testaments«, oder vielleicht einer neuen Interpretation, schon zu dieser Zeit aufgekommen?

TONI FABER: Der Kanon der heiligen Schriften, der erst nach der Trennung vom Judentum endgültig feststand, spricht von einer Vielgestaltigkeit, von vier Evangelien nebeneinander. Wir hätten auch zehn Evangelien nebeneinanderstellen können, doch die Entscheidung der frühen Kirchenväter war: Wir wollen diese vier, die sich durchaus durch ihre Entstehungszeit oder ihre Hintergründe unterscheiden. Verschiedene regionale und philosophische Einflüsse haben diese Vielgestaltigkeit der Evangelien geprägt.

DANIELLE SPERA: Das deutet auf eine verschiedene Autorenschaft hin. Wie sind denn diese Schriften entstanden?

TONI FABER: Es ist gut, dass es eine vielgestaltige Autorenschaft gibt. Es ist gut, dass wir auch ein Ringen erkennen in den Jüngern rund um Jesus, die allesamt natürlich hundertprozentige Juden waren. Und dass es in verschiedensten Punkten Widersprüche gibt. Wir werden später vom Zölibat sprechen. Da gibt es die Geschichte, dass Jesus die Schwiegermutter des Petrus heilt. Das heißt Petrus, der erste Papst, war verheiratet. Von Jesus selbst wissen wir das nicht so genau. Was können wir annehmen? War ein Rabbiner verheiratet? Er hatte eine beste Freundin, Maria Magdalena, die wiederum sehr schnell vermischt wird mit dem Bild einer Sünderin, die auch wieder eine Vielgestaltigkeit aufweist. Ich bin beeindruckt von den bisherigen Forschungsergebnissen, aber mit Demut müssen wir uns eingestehen, dass vieles im Dunkeln bleibt und heranwächst, wie es auch in unserem Leben ist. Und in all unserer Wunschvorstellung, alles transparent zu machen und durchleuchten zu können, erwischen wir trotzdem nur einen Teil der Wirklichkeit.

DANIELLE SPERA: Wir wissen nicht hundertprozentig alles, was war und alles, was ist. Das
widerspricht auch der Lebensrealität. Doch
beschäftigen wir uns vielleicht einmal mit der
Familie von Jesus, da gibt es ja keine historischen
Belege außerhalb der Evangelien, und hier müssen wir auch über die seltsame Theorie der unbe-
fleckten Empfängnis von Maria sprechen. Maria
als Gottesmutter sollte ja frei von der »Erbsünde« sein. Papst Pius IX. hat dies Mitte des
19. Jahrhunderts sogar als Dogma verkündet,
obwohl darüber schon seit Längerem theologisch viel diskutiert wurde.

TONI FABER: Das ist ja ein wichtiger Streitpunkt:
von wem Jesus wirklich abstammt. Das leitet uns
als theologisches Thema völlig in die Irre, weil es
erst dreimal übersetzt werden muss und nur für
die mystisch erfahrenen, ganz frommen Theolo-
gen überhaupt zugänglich ist. Es bedeutet jedenfalls nicht, dass Sexualität etwas mit Bösem zu
tun hätte. Ich würde meinen, da gab es eine
Begegnung zwischen Josef und Maria, als sie
noch verlobt waren. In dieser Verlobungszeit war
es damals völlig ausgeschlossen, dass man schon
ganz zusammenkommt. Doch dann wird sichtbar, dass Maria schwanger ist. Ein Schandfleck
lastet auf der Beziehung, auf der ganzen Familie.
Josef hat sicher mit sich gerungen, aber im Traum

lernt er, irgendwie mit dieser Situation umzugehen. Im Traum sagt Gott, das Kind ist vom Heiligen Geist, von dieser Kraft Gottes. Für ihn ist das
die Wende im Skandal der unehelichen Schwan-
gerschaft.

DANIELLE SPERA: Träume kommen in der Tora, im
»Alten Testament«, immer wieder vor. Von vielen
wichtigen biblischen Gestalten wissen wir über
ihre Träume. Hier sagt der Talmud, dass sie je nach
Interpretation in Erfüllung gehen. Daher soll man –
wie im Judentum üblich – hier auf das Positive bli-
cken und Träume möglichst positiv interpretieren.
»Wie Josef uns die Träume gedeutet hatte, so
geschah es«, heißt es im ersten Buch Mose (Bere-
schit/Gen 41,13). Es ist also kein Zufall, dass auch
Sigmund Freud den Träumen und ihrer Deutung
einen so hohen Stellenwert beigemessen hat.

TONI FABER: Träume soll man sich, wenn möglich,
rasch aufschreiben, um zu erkennen: Was macht
mir Angst oder Sorge, was freut mich, was sind
Tagesreste, was sind Lustträume? Schließlich
beschäftigt einen etwas so sehr, dass man auch in
der Nacht bangt. Man kann es glauben oder nicht,
aber Josef ist demütig genug und sagt: Ja, ich
glaube dir, ich möchte meine schwangere Frau
nicht wegschicken, sondern ich nehme sie zu mir
und akzeptiere sie. Dann macht das Evangelium
sehr schnell daraus den Stammbaum Jesu, begin-

nend mit Abraham, und er wird völlig selbstverständlich in den Stammbaum eingegliedert. Das heißt, das sind sehr mutige Versuche, mit einer Situation umzugehen, die man nicht im Detail klären kann.

DANIELLE SPERA: Das klingt alles, als ob man sich heikle Situationen schnell schönredet.

TONI FABER: Da fällt mir ein Zitat ein, das dem ersten Ministerpräsidenten Israels, David Ben-Gurion (1886–1973) zugeschrieben wird: »Wer nicht an Wunder glaubt, ist kein Realist.« Wie viele Dinge in einem Leben sind wunderbar fernab dieses Wunderglaubens, der sagt, dort ist ein Wunder geschehen, jetzt stürmen wir alle hin und machen einen Wallfahrtsort daraus. Das ist sicher ein sehr menschlich irdisches Bedürfnis. Aber das größere Wunder, vor dem wir stehen, ist das Wunder des Lebens. Ich habe ein Ehepaar getraut, das sich so sehr ein Kind gewünscht hatte, und nach sechs Fehlgeburten haben sie endlich ein Kind empfangen. Das ist ein Wunder. Wir sollten diese Realität des Wunderbaren im Leben wahrnehmen. Zurückkommend auf Maria: In der jüdischen Tradition gibt es eben auch diese wunderbare Empfängnis. Den Begriff »unbefleckt« würde ich nicht verwenden, weil das sofort in eine falsche Richtung geht. Wir sollten das Wunder, trotzdem Mutter und Vater zu werden, wertschätzen, das Wunder des Lebens.

DANIELLE SPERA: In diesem Zusammenhang können wir auch die Tora nennen, da finden wir viele Beispiele von Frauen, die im hohen Alter schwanger werden. Denken wir an Sarah in ihren Neunzigern, sie lacht den Sendboten natürlich aus, als sie die Nachricht bekommt, dass sie schwanger werden wird. Für sie war das absolut ausgeschlossen. Oder Rachel, die unfruchtbar war. Da haben wir viele Beispiele, da spielt die Tora, das »Alte Testament«, sicher auch in dieser Empfängnisgeschichte eine Rolle.

TONI FABER: Es gibt hier die totale Gemeinsamkeit zwischen Juden und Christen, das ist die Ehrfurcht vor dem Leben. So, wie jüdische Gläubige eine riesengroße Ehrfurcht vor dem Blut, vor diesem Lebenssaft haben, die uns Christen verloren gegangen ist, gleichzeitig aber gerade in der modernen Kunst, zum Beispiel in der Aktionskunst von Hermann Nitsch (1938–2022), ganz tief aufleuchtet. Ich verzehre jeden Tag in der Heiligen Messe ganz selbstverständlich die Opfergaben, ohne »das Blut Christi« oder »den Leib Christi« kritisch zu hinterfragen. Da könnte man sagen, das ist ja ein Menschenfresser. Das war ein Vorwurf gegenüber den Christen, es wurde behauptet: Der Leib, der Körper, das

Fleisch und das Blut werden gegessen und getrunken. Das machen wir sehr wohl, mit dem Text »Seht das Lamm Gottes«. Wenn Hermann Nitsch die Monstranz aus dem geöffneten geschlachteten Lamm herausnahm, haben viele gerufen: Igitt! Ich mache das auf unblutige Weise jeden Tag in jeder Heiligen Messe, und alle sitzen fromm davor.

DANIELLE SPERA: Mit dem Segen über Wein und Brot beginnt im Judentum jeder Feiertag und der wöchentliche Schabbat. Zu Pessach isst man statt Brot Matzot, ungesäuertes Brot, wie beim »letzten Abendmahl«, das ja der Abend des Pessachfestes war. Wie ist das eigentlich entstanden, das aus diesem jüdischen Brauch der symbolische Leib und das Blut Jesu wurden? Das hat ja im Lauf der Jahrhunderte tatsächlich dazu geführt, dass es zu fürchterlichen Behauptungen und Anschuldigungen gegen Jüdinnen und Juden kam.

TONI FABER: Im Tempel in Jerusalem wurden bis vor 2000 Jahren Tiere geopfert, das war für Jesus durchaus selbstverständlich. Daraus ist dieses Symbol in der Messe entstanden. Das Blut eines Opferlamms auf den Türpfosten ist beim Auszug aus Ägypten zum Zeichen der Befreiung des Volkes Israel aus der Knechtschaft geworden, damit sie vor der Vernichtung sicher waren. Heute wollen wir keine geschlachteten Tiere sehen. Man möchte am liebsten nicht wissen, dass das Schnitzel auch einmal Teil eines blutigen, geschlachteten Rindes war. Ich selbst war als Kind schockiert, als ich eine Bäuerin sah, die einem Hendl den Kopf abschlug, das dann noch herumflatterte und Blut spritzte.

DANIELLE SPERA: Wir haben das zunehmend aus unserer Realität verdrängt. Ich wurde so zur Vegetarierin.

TONI FABER: Gleichzeitig ist Blut unser Lebenssaft. Wenn im Spital Blut abgenommen wird, dann können wir aus dem Blutbild schon so viel feststellen. Jesus greift das auf. Und so wurde das letztendlich ein Teil des christlichen Gottesdienstes.

DANIELLE SPERA: Also, bei den Opfertieren wurde es blutig, gleichzeitig gibt es aber im Judentum ein absolutes Blutverbot. Der Verzehr von Blut ist eine der schlimmsten Sünden, weil es eben diese große Ehrfurcht vor den Menschen und auch vor den Tieren gibt. Der Mensch und seine Unversehrtheit stehen einfach im Mittelpunkt. Wie kommt es, dass das Christentum mit Blut ganz anders umgeht, dass man Blutwurst isst, oder auch Blut kocht?

TONI FABER: Durch Jesus wurde das Opferlamm zu Pessach umgedeutet. Sein Kreuzweg, sein Leiden, seine blutige Kreuzigung. Das ist Labsal für all jene Menschen, die eine schwere Zeit haben. Kein Leben ist ohne Schmerz, ohne Krankheit, ohne Blut, ohne Opfer, ohne Scheitern. Wir können uns nicht in die Tasche lügen, wenn wir in den großen Illustrierten die Stars sehen, wo es dann plötzlich Beziehungskrisen gibt oder Schicksalsschläge oder Krankheit. Unser Leben ist opferreich. Wir können Hoffnung und Zuversicht schöpfen, denn wir Christen sagen, Gott selbst ist diesen Weg durch seinen Sohn mitgegangen, er hat solidarisch mit uns all das erlitten. Das alles in der Tradition der leidenden Gottesknechte, wie Hiob zum Beispiel.

DANIELLE SPERA: Da fallen uns viele Beispiele von Leidenden im Tanach und in der Geschichte ein, doch im Christentum wird es auf eine Person fokussiert, auf Jesus.

TONI FABER: Hier ist es fokussiert auf Jesus als Sohn Gottes. Wenn Gottes Sohn selbst diesen Weg geht, wird diese verstärkte christliche Hoffnung und diese verschiedenen messianischen Stränge, die im ersten Testament da sind, auf einen Strang fokussiert und auch minimiert. Das heißt, viele andere Traditionen, die im Judentum sehr wohl da sind, werden aufgehoben, da geht es dann schon um die Trennung. Es bleibt ja gerade beim Judentum vielgestaltig, denken wir nur an die vielen verschiedenen Propheten. Und es wird unsere Aufgabe bleiben, dass es nicht nur die eine Erklärung gibt, sondern verschiedene Denkräume und verschiedene jüdische Interpretationsräume. Hier müssen wir uns miteinander um einen Dialog kümmern, in der Demut, dass wir nicht alles erfassen werden können, sondern da bleibt auch noch viel Raum für anderes.

DANIELLE SPERA: Wenn wir über das Pessachlamm sprechen, dann kommt das letzte Abendmahl ins Spiel – hier war sicher der Sederabend gemeint, zu Pessach, wenn Familie und Freunde zum Essen zusammenkommen und die Geschichte des Auszugs aus Ägypten lesen. Hier sitzt Jesus mit den zwölf Aposteln.

TONI FABER: Jesus versammelt seine Jünger und wahrscheinlich auch Jüngerinnen, die werden auch beim letzten Abendmahl dabei gewesen sein, das sehen wir immer demütiger. Es gab eine große Gruppe, doch erhalten hat sich nur die Geschichte der zwölf Apostel, das kommt von den zwölf Stämmen Israels. Als Bild nehmen wir also zwölf. Tatsächlich werden viel mehr Menschen dabei gewesen sein, auch Frauen.

DANIELLE SPERA: Aber die Frauen wurden in den tradierten Geschichten des Christentums über das letzte Abendmahl ausradiert.

TONI FABER: Ich führe das auf männliche Überheblichkeit zurück, die in so vielen gesellschaftlichen Formen von Männerbünden und Männergesellschaften praktiziert wird. Das hat sich dann in der katholischen Kirche in einem Maße entwickelt, wo man nur noch sagen kann, das kann doch nicht so gewesen sein. Wenn Maria Magdalena jetzt durch Papst Franziskus zur Apostolin der Apostel erhoben wurde, dann sollten wir den Anteil der Frauen mit großer Ehrfurcht sehen. Das ist eben die männerdominierte Gesellschaft gewesen. Im Judentum sind die Frauen für den Haushalt und die Erziehung der Kinder zuständig, dort war der Tempel auch männlich dominiert. Das Gottesbild ist männlich geprägt. Doch man muss sagen, Gott ist in der Bibel auch wie eine Gebärende beschrieben. Gott ist viel, viel mehr als der bärtige alte Mann, der er erst in einer Form in der Barockzeit geworden ist. Das ist nur ein Bild Gottes, und dabei haben wir im Alten Testament so viele schöne Symbole, die seine große Barmherzigkeit mit uns vermitteln.

DANIELLE SPERA: Zur Zeit von Jesus waren durch die Zersplitterung der Gesellschaft viele Wanderprediger unterwegs. Es gab vielleicht eine Sehnsucht nach Antworten in einer diffusen Zeit, die Römer waren an der Macht. Vielleicht war Jesus einer von vielen, und seine Botschaft, die sich sehr stark auch an den Psalmen und am

Tanach überhaupt orientiert, ist besser angekommen als andere. Was hat er anders gemacht,
was war sein Erfolgsrezept?

TONI FABER: Er hatte jedenfalls eine gute Schu-
lung. Dazu fällt mir jetzt ein christliches Lied ein:
»Eines Tages kam einer, der hatte eine Stimme«.
Die Art und Weise, wie er auf Menschen zuging –
das war wahrscheinlich die totale Zuwendung,
die er anderen zuteilwerden ließ. Ich habe diesen
Begriff jetzt neu zu schätzen gelernt. Wenn man
einen Menschen erlebt, der ganz für dich da ist,
der dir nicht beiläufig die Hand gibt, sondern
ganz dir zugewendet ist. Das lieben wir zum Beispiel an Ärzten, wenn wir uns nicht wie eine
Nummer vorkommen, wenn ein Arzt oder der
geliebte Mensch, das Kind staunend für dich da
ist, und du ebenso für jemanden da sein darfst.
Das hat ihn vermutlich ausgezeichnet, dass so
eine Kraft von ihm ausging. Da gibt es die wun-
derschöne Stelle, als Jesus durch die Menge geht.
Die Jünger versuchen ihn zu beschützen, denn
alle wollen ihm nahekommen. Eine kranke Frau
kommt von hinten auf ihn zu und berührt nur
den Saum seines Gewandes. Jesus bleibt stehen
und sagt: Wer hat mich da berührt? Diese Frau
gesteht, in ihrer Sehnsucht, nur durch die Berührung des Saumes seines Gewandes von seiner
Kraft und seiner Aura etwas abzubekommen.

Und sie wird tatsächlich gesund. Oder Zachäus, der Zollwächter, der Gauner, der zu viel verlangt. In der jubelnden Menge bleibt Jesus stehen und sagt ihm: Ich möchte heute bei dir zu Gast sein. Auch hier sehen wir diese Zuwendung, diese totale empathische Begegnung. Das hat den Einzelnen begeistert, aber alle rundherum auch. Und wenn für einen Gelähmten eigens das Dach abgedeckt wurde, dass sie diesen Kranken vor ihn bringen können – unvorstellbar, diese ungeheure Sehnsucht, die heute auch kranke Menschen, die von der Schulmedizin nicht vollständig geheilt werden können, dazu bringt, zu Wunderheilern durch die ganze Welt zu fliegen.

DANIELLE SPERA: Zu dieser Zeit gab es nicht nur die Wanderprediger, sondern auch Wunderheiler. Das war durchaus üblich. Aber Jesus hat offenbar diese Empathie, diese Fähigkeit zur Zuwendung, ausgezeichnet.

TONI FABER: Das Bedürfnis nach Heilung war und ist besonders groß. Man probiert alles. Die Menschen, die es sich leisten können, fliegen durch die ganze Welt, die anderen gehen zu einer Wunderquelle oder nach Lourdes, um geheilt zu werden. Man will heil an Leib und Seele sein. Doch wer von uns ist ganz heil? Niemand ist lückenlos gesund, wir alle haben Beschwerden. Diese Sehnsucht hat er erfüllt und das auch ausgestrahlt, sodass sich Jünger und Jüngerinnen um ihn scharten. Er hat eine Wandertruppe aus Menschen zusammengestellt, die ihn so verehrt haben, dass sie ihm hörig wurden, aber gleichzeitig auch untereinander stritten.

DANIELLE SPERA: Das waren allesamt Jüdinnen und Juden, die aber vielleicht schon ein Bewusstsein darüber hatten, dass sie etwas anderes wollten: eine Rückkehr zu einem Glauben oder einfachere Antworten auf komplexe Fragen der jüdischen Gesetze. Die 613 Gebote und Verbote sind ja auch eine große Last.

TONI FABER: Die Jüngerinnen und Jünger sagten klar über sich: Wir sind eine jüdische Gruppierung. Wir haben eine messianische Hoffnung. Wir sagen in unserem jüdischen Glaubensspektrum, Gott selbst wird eine Wurzel aus dem alten Stamm Jesse schenken, das ist jetzt Wirklichkeit geworden. Jesaja spricht ja im Tanach von dem Reis, das aus der Wurzel Isais aufgehen wird. Aus »Jesse«, dem Vater Davids, kommt das »Reis« als mächtiger entfaltender Baum. In seinen Ästen sind die biblischen Könige und die Propheten untergebracht. Bekrönt wird der Baum von Jesus.

DANIELLE SPERA: Aber wir Juden meinen, wenn der Messias da ist, dann kommt auch das Paradies für uns alle und wir sind erlöst. Was ist denn da passiert?

TONI FABER: Genau diese Diskrepanz macht uns unser Leben lang zu schaffen, darin leben wir seit 2000 Jahren. So vieles bleibt unerfüllt, obwohl er bereit war, sein eigenes Leben blutig hinzugeben. Durch sein Wirken, durch seine Leiden sind noch nicht alle Probleme, die es gibt, gelöst. Warum gab es noch immer die römische Besatzung? Warum gibt es noch immer Krieg, warum gibt es noch immer Leid und sinnloses Sterben? Wie kann es sein, dass bei jenen, die glauben, noch immer Eifersucht und Streit oder Intoleranz herrschen? Wie konnte sich ein Antijudaismus einschleichen, der ja genau das Gegenteil von dem bezeugt, wofür wir stehen wollen? Wie gibt es das? Das widerspricht doch diametral den Grundsätzen Jesu. Das müssen wir uns heute demütig fragen. Jesus und seine jüdische Gruppierung sind in die Synagogen zum Gottesdienst gekommen. Nach dem Tod Jesu haben sich die Jünger nach dessen Auftrag am Tag nach dem Schabbat zum letzten Abendmahl zusätzlich zum gemeinsamen Beten und Brotbrechen versammelt. Das hat natürlich auch zu immer größeren Spannungen und irgendwann zum Bruch geführt. Wir sehen später im Kapitel über Saulus/Paulus, dass derjenige, der sich gerühmt hatte, Christen verfolgt zu haben, von der einen Übertreibung letztlich in die andere

56

extreme Situation gekommen ist, weil er ein Eiferer war.

DANIELLE SPERA: Dazu fällt mir der zwölfjährige Jesus ein, der im Tempel verloren geht. Diese Szene spielt sich zu Pessach ab, seine Eltern pilgern mit ihm von Nazareth nach Jerusalem, Jesus bleibt im Tempel zurück und unterhält sich mit den Lehrern. Vielleicht ist das auch zur Zeit der Vorbereitung auf seine Bar Mitzwa. Diese Szene zeigt uns aber auch, dass er über seine Religion wissbegierig war.

TONI FABER: Ja, er hat weise Fragen gestellt. Und sich schon als Kind auf das »Haus meines Vaters« berufen, so nannte er die Synagoge. Das ist aufgefallen.

DANIELLE SPERA: Zu dieser Zeit gab es verschiedenste Bewegungen. Die Pharisäer, die Sadduzäer oder die Essener, von denen wir aus den Qumran-Rollen erfahren haben, die wie eine Sekte lebten und das »reine« Judentum praktizierten. Kann es sein, dass der junge Jesus damit schon in Berührung gekommen ist, oder auch später?

TONI FABER: Ich habe die Qumran-Rollen studiert und die Forschungsergebnisse dann mit größtem Interesse gelesen. Letztendlich hat sich das in der theologischen Wissenschaft nicht schlüssig nachweisen lassen. War er eine Zeit lang dabei? Hat er bei den Essenern Anleihe genommen? Johannes der Täufer hat ihn sehr beeindruckt. Bei ihm ist er eigentlich in die Schule gegangen. Jesus war ein Wunderkind. Es gibt ja viele Wunderkinder, denken wir beispielsweise an Mozart. Da stellt sich aber die Frage, wieso bei Jesus nur diese Episode als Zwölfjähriger im Tempel überliefert ist. In den Apokryphen gibt es die eine oder andere Geschichte, die aber so wunderlich war, dass die Kirche später meinte, das nehmen wir nicht in den Kanon auf. Da gab es vermutlich auch die Diskussion – für wen erzählen wir diese Geschichten? Es ist wie im Leben. Es kommt darauf an, mit wem man sich unterhält und wie man dann Dinge erzählt. In den Jahrzehnten nach Jesu Tod war das Wichtigste: Wir wollen mit den jüdischen Obrigkeiten vor allem die Einheit wahren. Wir sind ehrfürchtige jüngere Geschwister. Die Details, die nicht wichtig sind, lassen wir weg, weil sie ohnehin nicht offenkundig sind. Das unterscheiden wir in den vier Evangelien, mit einem anderen Hintergrund und anderen Adressaten. Die fünf bis zehn anderen Evangelien, von denen wir wissen, haben dem Standard nicht entsprochen. Daher die Hauptquelle dieser vier Evangelien: Wir wissen, dass Jesus mit zwölf Jahren ein Wunderkind war, und danach gibt es wieder Stille – 18 Jahre lang. Das ist eigentlich auch eine wichtige Botschaft. Wichtiges in unserem Leben steht nicht in den Zeitungen und wird nicht im Fernsehen gebracht, sondern viel wesentlicher sind andere Dinge, und das stimmt uns demütig. Wir beide sind viel in den Medien, das ist etwas anderes. Ich komme nicht dazu, fernzusehen, weil ich immer im Leben bin, und dieses Leben wird zum Teil abgebildet. Die Menschen glauben, dass sie uns kennen, wir werden dadurch ein Teil ihrer Familiengeschichte. Vieles von dem, was uns ausmacht, was unsere Familien ausmacht, wird nicht besprochen; das ist gut so, denn das ist unsere persönliche Geschichte.

DANIELLE SPERA: Das heißt, die Berichte sind äußerst lückenhaft und vermutlich auch selektiv wiedergegeben worden. Wie wurde entschieden, was als Wissen, beziehungsweise als Geschichten in den Kanon aufgenommen wird, und was nicht?

TONI FABER: Kirchengeschichtlich weiß man nicht genauer, wie diese Entscheidungen getroffen wurden. Die Bischofssynode hatte diese Demut, sie haben gewusst, was sie in den absoluten Kanon hineingeben; das soll unsere Richtschnur sein zum tieferen Sinn, zum Mehrwert des Glaubens. Davon spreche ich gern, wenn Menschen ihre Kinder taufen lassen. Du als Taufpate sollst sicherstellen, dass dem Kind der Mehrwert, der zusätzliche, positive Nutzen des Glaubens bewusst wird. Ich spreche hier immer vom jüdisch-christlichen Erbe und nicht vom Mehrwert des christlichen Glaubens allein. Das ist eine ungeheure Bewegung, die wir als Christen mit dem Judentum tausendfach verbinden.

DANIELLE SPERA: Der zwölfjährige Jesus muss eine Ausbildung erhalten haben. Vielleicht war er in einer Talmudschule, einer Jeschiwa. Zu seiner Zeit gab es zwei jüdische Gruppen – Schulen, wenn man so will: Hillel, der ein mildes Judentum prägte und vor allem die Nächstenliebe predigte. Und Schammai, der eine strenge Auslegung der jüdischen Religion lehrte und der darauf drängte, dass alle strikt nach den Gesetzen leben sollten. Hillel gilt bis heute als eine wichtige Figur, weil er eben die von Gott verordnete Botschaft der Nächstenliebe verkündet hat. Können wir jetzt sagen, dass vielleicht die Lehrer, die Jesus unterrichtet haben könnten, auch Anhänger dieser Schule waren, oder er selbst? Wissen wir etwas darüber? Warum wurden solche Dinge nicht tradiert? Das ist schade und lässt vielleicht darauf schließen, dass man doch später versucht hat, bei Jesus das Judentum wegzulassen. Es blieb dann Jesus, der Christ.

TONI FABER: Als der Bruch mit der Synagoge statt-

fand, sind Dinge einfach ausradiert und zurück-
gehalten worden. Das ist dann die Traditionsge-
schichte des Christentums geblieben. Aber dass
die Wurzeln, das Entstehen des Christentums eine
jüdische Neuinterpretation innerhalb des Judentums war, ist offensichtlich. Das ist das ganze erste
Jahrhundert über vollkommen klar. Wenn am
Ende des ersten Jahrhunderts dann Johannes, der
Evangelist, unter dem Einfluss der griechischen
Philosophie und der Offenheit für die heidnische
Welt versucht ist, die Geltung und die Bedeutung
des Jüdischen zurückzuschrauben, auch wenn er
gleichzeitig feststellt, dass das Heil von den Juden
komme, und plötzlich daraus wird: das waren die
Juden, und das ist die Jesus-Bewegung, ist schon
klar, dass es zum Bruch kommen muss.

...

DANIELLE SPERA: Kommen wir vielleicht zum
Thema Taufe. Die Taufe ist vollzogen worden, da
war Jesus ungefähr 30 Jahre alt. Woher wissen
wir, dass das eigentlich eine Art Taufe war – oder
war es nicht einfach der ganz normale Besuch
einer Mikwe, des rituellen jüdischen Taufbades?
Denn Männer besuchen auch die Mikwe, selbst
wenn es nicht explizit vorgeschrieben ist. Welche Bedeutung hat die Taufe zu diesem Zeit-

punkt, da war ja die Idee des Christentums noch gar nicht da?

TONI FABER: Die Taufe war ein äußeres Zeichen der persönlichen Bereitschaft zur Umkehr. Da gab es eine riesige Reformbewegung. Johannes der Täufer war auch so ein Wanderprediger, eine faszinierende Gestalt und ein großer Asket, der sich von Heuschrecken und wildem Honig ernährte; es ranken sich wunderbare Geschichten rund um ihn. Jerusalem lebt unter der erdrückenden römischen Besatzung, doch man lässt es sich gut gehen. Dann kommt eine Krankheit, ein Schicksalsschlag, ein Unfall, eine Kriegsgefahr oder wie zu unserer Zeit Corona, und so kommt man zum Nachdenken. Und in dieser Nachdenkphase ist man ansprechbar für Reformbewegungen. Wer auch immer dann auftritt, ob das Impfgegner sind oder Verschwörungstheoretiker, plötzlich haben sie einen Zulauf, der unerklärlich ist. Dieser Johannes der Täufer startete diese Umkehrbewegung. Er stellte gesellschaftliche Selbstverständlichkeiten in Frage. Die Menschen kamen gerne zu ihm und ließen sich von ihm diese Waschung, diesen Neuanfang, dieses äußere Zeichen zur inneren Nachdenklichkeit geben. Wir brauchen oft ein äußeres Zeichen. Wer bedient heute diese Sehnsucht unter dem Motto: So kann es nicht weitergehen?

DANIELLE SPERA: Heute sind das sehr oft Scharlatane, auf die die Menschen gern und leichtgläubig hereinfallen. Aber da sehen wir, dass es ja tatsächlich verschiedene Wanderprediger gab, die auch sehr charismatisch waren.

TONI FABER: Jesus und Johannes der Täufer waren verwandt. Die Geburt von Johannes war wundersam. Seinem Vater verschlug es die Rede, als er die Botschaft bekam, dass seine unfruchtbare Frau doch ein Kind empfangen hatte. Erst, als Johannes geboren wurde, und man einen Namen suchte, nannte der Vater den Namen Jochanaan (Johannes), der Herr ist gnädig, daraufhin konnte er wieder sprechen. Die Mutter von Johannes und Maria, die Mutter von Jesus, waren verwandt. Herodes Antipas ließ Johannes dann als Aufrührer verhaften, und er wurde auf Wunsch von Salome und der Frau von Herodes enthauptet. Die Taufe war ein Zeichen der Hinwendung: Jetzt ist es Zeit, aufzustehen. Jetzt ist Zeit, öffentlich aufzutreten, gegen die Situation im Land. Ich muss jetzt meine Berufung leben. Und da erhebt sich ein neuer Star, ein Wortführer.

DANIELLE SPERA: Das heißt, das entspricht durchaus der Tradition der Mikwe, einer spirituellen Reinigung. Und aus dem hat sich dann die Taufe entwickelt?

TONI FABER: Genau. Jesus selbst hat sich in diese

63

Schar der Umkehrwilligen eingereiht. Dort wurde die Begegnung von Jesus und Johannes plötzlich wieder lebendig. Wir wissen nicht, wie sie vorher verbunden waren, ob sie in dieselbe Schule gegangen sind, ob sie dieselbe theologische Ausbildung hatten, aber diese Begegnung wird beschrieben als etwas Wunderbares, wo sich der Himmel geöffnet hat. Ich stelle mir das als einen gigantischen Regenbogen nach einem Gewitter vor. Das ist immer ein Zeichen gewesen. Ich sehe das auch als verbindendes Zeichen für die jüdisch-christliche Beziehung. Da war etwas Neues da. Der Himmel ist offen und der Heilige Geist, der Ruach, kommt wie eine Taube auf uns herab. Dieses Symbol der Taube wurde dann auch in der Kunst vielfach verwendet.

DANIELLE SPERA: Die Taube ist auch im Judentum ein wichtiges Symbol. Sie steht für Reinheit und Wehrlosigkeit. Das jüdische Volk wird im Talmud mit der Taube verglichen. Und sie erinnert an Noah und an das Ende der Sintflut, das durch die Taube verkündet wird. Das ist ein wunderbares Zeichen.

TONI FABER: Ja, ein Symbol des Neuanfangs. Johannes nimmt das schon früh wahr und er erkennt, dass die Rollenverteilung hier eigentlich falsch ist: Du, Jesus, müsstest mich taufen. Und Jesus sagt im Evangelium: Nein, lass es so geschehen, das entspricht dem Willen meines Vaters. Diese wunderbare, ehrfürchtige Begegnung, die Bereitschaft, miteinander ein Zeichen zu setzen, führt dazu, dass die Stimme Gottes bei einem Evangelisten nur für Jesus, bei einem anderen Evangelisten für alle hörbar ist. »Du bist mein geliebter Sohn«, das bedeutet die Bestätigung der Erwartung des Messias in Form des Leidenden, in Form des Sohn Gottes.

DANIELLE SPERA: Das ist jetzt ein essenzieller Punkt, denn im Judentum ist es ausgeschlossen, dass ein Mensch angebetet werden soll. Denken wir an Moses. Er hatte direkten Kontakt mit Gott. Er hat die Gesetzestafeln erhalten, die Stimme Gottes vernommen. Doch Moses wird nicht angebetet, im Gegenteil – er wird in der Haggada, in der Geschichte des Auszugs aus Ägypten, nicht einmal erwähnt. Das heißt, im Judentum wird ein Personenkult explizit verboten, da dieser dann ja eigentlich wie Götzendienst anmutete. Wir haben die Stammväter, die Stammmütter, aber sie werden nicht glorifiziert. Wir beten sie nicht an. Da beginnt eigentlich schon der große Bruch zwischen der jüdischen Gruppierung im Sinne von Jesus und den Juden.

TONI FABER: Gerade die Evangelien, die natürlich nicht als Protokoll entstanden sind, sondern als Fragmente, die ab dem Jahr 50 zuerst von Markus geschrieben wurden, und die Briefe des Apostels Paulus zeugen von einem beginnenden Christentum. Das kann aber noch nicht als Bruch mit der Synagoge beschrieben werden, sondern als ein Prozess, der Jahrzehnte dauerte, bis der ganze Kanon der neutestamentlichen Schriften vollendet war. Die vier Evangelien beginnen mit dem öffentlichen Auftreten Jesu als Sohn Gottes. Der Evangelist Matthäus versucht, die Kontinuität vom Anfang an im Stammbaum Jesu zu betonen, doch die anderen schreiben eher philosophisch. Johannes zum Beispiel hält sich gar nicht mit der Kindheit Jesu oder seiner Herkunft auf.

DANIELLE SPERA: Man wollte sich also sehr früh schon bewusst vom jüdischen Ursprung unterscheiden, man wollte sich damit nicht auseinandersetzen. Unter dem Motto: Wir grenzen uns ab.

TONI FABER: Die Idee war: Wir wagen die Öffnung vom innerjüdischen Binnenraum hin zum größeren römischen, heidnischen, griechischen Raum.

...

DANIELLE SPERA: Jetzt sollten wir eigentlich auch den Tod von Jesus besprechen. Das Todesurteil kam ganz klar von den Römern, die damals das

Land beherrschten. Trotzdem hält sich bis heute die Behauptung, Juden hätten Christus gekreuzigt. Dadurch wurde der Hass auf das Judentum geschürt.

TONI FABER: Jesus legt sich mit den jüdischen religiösen Autoritäten an, weil er eine freiere Gesetzesauslegung anstrebt. Das oberste Gesetz ist das Heil des Menschen, das Heil der Seele, und dass man leidenden Menschen helfen soll.

DANIELLE SPERA: Das ist ein zutiefst jüdischer Grundsatz! Der Mensch, seine Gesundheit, ist das Allerwichtigste. Das hebt sogar andere Gesetze auf, wie zum Beispiel die Schabbatruhe, wenn es um die Rettung eines Menschen geht.

TONI FABER: Darauf beruft sich Jesus. Doch in der Tragödie der Anklage und der römischen Verurteilung wurde aus der Unruhe, die dieser Wanderprediger unter das Volk brachte, ein römischer Justizmord. Das sture Festhalten an angeblichen Gesetzen führte zum Tod Jesu. Das ist ja in der katholischen Kirche genau dasselbe menschliche System. Die einen halten sich nur an Gesetze, andere legen die Gesetze aus und sammeln viele Menschen um sich. Der Armenpfarrer Wolfgang Pucher (1939–2023), der gerade gestorben ist, wird zitiert: »Sperrt den Codex des katholischen Rechts in einen Tresor und werft den Schlüssel weg, dass ihn niemand findet.« Es geht darum, den Menschen zu helfen. »Eine Kirche, die nicht dient, dient zu nichts«, sagte Bischof Jacques Gaillot (1935–2023). Die kurzen, verständlichen Dinge sind klarer als das System einer dogmatischen Lehre und die Erfüllung von 613 Gesetzen. Gott ist der Liebhaber des Lebens. Die Menschenliebe zeichnet Gott aus, der Mensch sollte sich daran ein Beispiel nehmen. Priester sollten dem Leben zugewandte Menschen sein. Das ist das wichtigste Kriterium, ob jemand ein guter Priester sein kann.

DANIELLE SPERA: Beinhaltet denn der christliche Gottesdienst jüdische Elemente?

TONI FABER: Der christliche Gottesdienst orientiert sich am letzten Abendmahl und an den Gottesdiensten in der Synagoge. Es wird in der katholischen Kirche seit dem Zweiten Vatikanischen Konzil an jedem Sonntag in der ersten Lesung aus dem Ersten Testament vorgetragen und in der zweiten Lesung dann aus den Paulinischen Briefen oder der Apostelgeschichte, und schließlich ein Text aus einem Evangelium. Wir haben in der katholischen Kirche also jeden Sonntag drei Lesungen. Und die Psalmen sind Pflichtteil jedes Gottesdienstes.

DANIELLE SPERA: Aber wissen die Gläubigen beim Evangelium oder den Psalmen in der Kirche, dass das eigentlich jüdisch ist, was sie hören?

TONI FABER: Ich glaube, *Nostra aetate* ist schon lange her. Unsere alten Pfarrer haben es nicht mitbekommen. In der Ausbildung wird es grundsätzlich vermittelt, aber ob es ins Volk sickert, wage ich zu bezweifeln. Wenn ich mich selbst als Beispiel nennen darf: Ich war ein eifriger Ministrant und Jungschargruppenleiter und Mitglied einer fortschrittlichen Pfarrgemeinde, als ich an der Universität studiert hatte, und so weiter. *Nostra aetate*, dachte ich, das sind nicht unsere Probleme, das sind die Probleme unserer Väter, unserer Großväter, das brauchen wir heute nicht mehr zu diskutieren – wozu? Ich bin da in die Falle getappt, das Judentum als eine museale Geschichte zu betrachten. Dann in Israel, in der Bibelschule und beim Besuch der Synagoge, habe ich erst ein Bewusstsein für die unglaubliche Leidensgeschichte und für die Shoah bekommen. Und da war mir klar, das ist nicht nur Geschichte, das ist zu behandeln.

DANIELLE SPERA: Ich glaube, das ist auch ein wesentlicher Punkt. Im Judentum mussten, wie vorhin erwähnt, schon so viele biblische Gestalten leiden. Im Christentum wurde das auf Jesus fokussiert und auf einige seiner Jünger. Aber dann das Leiden des jüdischen Volkes über Jahrtausende hinweg – das ist ja so eine starke und so emotionale und so schwierige und so schmerzhafte Geschichte.

TONI FABER: Da frage ich mich immer, wie konnten wir das verdrängen, auch aus unserer Stadtgeschichte? Denken wir nur an die Gesera, die Judenverfolgung im Wiener Mittelalter, die komplette Auslöschung der jüdischen Gemeinde. Das blenden wir aus.

DANIELLE SPERA: Das zieht sich ja durch die österreichische Geschichte. Der ganz starke Antijudaismus, dann die Vertreibung 1670 unter Leopold I., der katholische Antijudaismus von Karl VI. und seiner Tochter Maria Theresia, bis hin zum Holocaust.

TONI FABER: Das müssen wir hundertprozentig aufarbeiten, und wir haben damit begonnen. Gleichzeitig erleben wir den Krieg in der Ukraine und die Geschichte der Bevölkerung, das Massaker an den Armeniern, die Grausamkeiten zwischen afrikanischen Völkern. Innerhalb eines Landes, innerhalb einer Region. Das lässt uns ratlos zurück, wie schnell Menschen aufeinander losgehen und sich tausendfach massakrieren. Und ein Flächenbrand entstehen kann. Wie gefährlich ist da unsere menschliche Veranlagung? Wie wichtig ist: wehret den Anfängen, ohne hier apokalyptisch zu werden.

DANIELLE SPERA: Den Tod von Jesus haben wir nur gestreift, aber es hieß auch aus jüdischen Kreisen: Der Mann ist ein Unruhestifter, das melden wir den Römern. Dadurch wurde das immer wieder als Mitschuld interpretiert.

TONI FABER: So, wie es in *Nostra aetate* heißt: »Obgleich die jüdischen Obrigkeiten mit ihren Anhängern auf den Tod Christi gedrungen haben, kann man dennoch die Ereignisse seines Leidens weder allen damals lebenden Juden ohne Unterschied noch den heutigen Juden zur Last legen.« Sie sagten sich: Er hat mehr Zulauf als wir, zu deren Treffen kommen schon mehr Menschen als zu uns in die Synagoge. So wie wir heute sagen müssen: Die Kirche, die wächst, ist die Freikirche, oder Kirchen in Bereichen mit Migrationshintergrund, die philippinische, die polnische, die kroatische Gemeinde. Die »Wiener« Gemeinden verdunsten, weil wir uns auch bevölkerungsmäßig entschieden haben, auf hohem Niveau auszusterben. Und wir wundern uns dann, da sind ja fremde Menschen. Im Spital bin ich allerdings umgeben von Menschen aus anderen Ländern, die diese Arbeiten durchführen und ohne die unser Land nicht funktionieren würde. Um auf unser Thema zurückzukommen: Die religiösen Obrigkeiten agierten in Abwehr einer für sie drohenden Gefahr übereifrig und haben dem plötzlich einen Riegel vorgeschoben. Das passiert bis heute, auch hier in unserem Land.

...

DANIELLE SPERA: Jesus stirbt am Kreuz, und wenig später kommt es zur Auferstehung. Das ist irrational, das ist so unfassbar. War er vielleicht nur scheintot? Ist er vielleicht am Kreuz in eine Art Koma gefallen, wurde jemand anderes statt Jesus beerdigt? Gibt es dafür eine Erklärung, kann man das irgendwie fassen? Diese Geschichte einer Auferstehung macht ja Jesus tatsächlich gottähnlich.

TONI FABER: Es ist nicht nur so, dass er sich als Sohn Gottes ausgibt. Er geht hier schon provokativ in die Auseinandersetzung in seinem freiheitsliebenden Umgang mit dem Gesetz. Gleichzeitig aber bleibt er voll und ganz Jude bis zum Schluss. Jesus interpretiert seine Auswahl aus dem jüdischen Glauben. Jeder von uns lebt einen Teil des Glaubens, der ihm von seinen Vätern und Müttern mitgegeben wurde. Es wurde ihm vorgeworfen, Häretiker zu sein. In seinem Fall heißt das einfach nur, seine Auswahl absolut zu setzen. Für seine Feinde ist er ein jüdischer Häretiker, sie lassen keine Auswahl zu. An die Auferstehung der Toten glaubten seine Jünger wie viele andere Juden schon vorher: Nach der irdischen Wirklichkeit steht man nach dem Tod auf. Das ist eine riesige Provokation, das ist für die Juden ein Ärgernis, für die Römer eine Anmaßung, wie es dann auch von Paulus beschrieben wird. Wenn heute Menschen von den Medien verfolgt werden und das dann im Selbstmord endet, ist das nicht weniger tragisch, doch so, wie das Leid von Jesus beschrieben wird, soll es uns zeigen, was er da alles erlitten hat. Gleichzeitig haben ihm Menschen geholfen; Simon trägt das Kreuz für ihn. Im Hohen Rat gab es Sympathisanten, die gesagt haben, vielleicht hat er ja doch recht.

DANIELLE SPERA: Die Auferstehungsgeschichte ist empirisch wirklich schwer zu fassen.

TONI FABER: Jesus hängt am Kreuz, der römische Soldat sticht mit seiner Lanze in seine Seite. Blut und Wasser kommen heraus. Das spricht gegen einen Scheintod. Einer der beiden Schächer sagt: »Denk bitte an mich, wenn du in dein Reich kommst.« Und Jesus sagt daraufhin: »Noch heute wirst du mit mir im Paradies sein.« Und das ist natürlich eine Zusage der unbedingten Hoffnung. Die Jünger allerdings, die zerstreuen sich. Der mutige und großmäulige Petrus sagt, nie würde ich dich verleugnen. Dann kommt das dreimalige Verleugnen, dann sieht er Jesus noch, der ihn anschaut. Darauf folgt die Geschichte der Grablegung.

DANIELLE SPERA: Jesus erhält ein jüdisches Begräbnis, sein Leichnam wird gewaschen, gesalbt. Dies musste rasch vonstattengehen, denn am

Schabbat durften keine Beerdigungen durchgeführt werden.

TONI FABER: Man hat den Tod überprüft, auch das spricht gegen einen Scheintod. Vor sein Grab wird ein Stein gerollt und von den Römern werden Wachen aufgestellt. Es ist ein Wunder, dass einerseits der Grabstein weggerollt war – die Soldaten haben nicht aufgepasst. Bei Matthäus wird in Kapitel 28,11–15 vom Betrug der Hohenpriester berichtet: Die Soldaten bekamen jede Menge Geld, damit sie behaupteten, die Jünger hätten Jesu Leichnam gestohlen. Maria Magdalena hat ihre eigenen Erfahrungen mit dem leeren Grab gemacht. Sie wollte Jesus aufsuchen, fand ihn aber nicht. In ihrer liebenden Trauer muss sie auch noch die Erkenntnis erleiden: Das Grab ist leer. Der Leichnam Jesu ist weg. Das bezeugen übrigens auch der gefallene Petrus und Johannes, ein Jünger, der Jesus ebenfalls besonders geliebt hat. Maria Magdalena hat am Grab eine Begegnung, sie sieht eine Person und meint, es sei der Gärtner, der den Leichnam weggetragen habe. Doch es ist Jesus, der sich zu erkennen gibt und die sichtbaren Spuren der Kreuzigung trägt. Auch den Jüngern erscheint er nach drei Tagen Grabesruhe.

DANIELLE SPERA: Diese Ereignisse haben alle während der Pessachfeiertage stattgefunden.

TONI FABER: Ja, die Jünger bekommen Angst und glauben, es geht auch ihnen an den Kragen. Sie verstecken sich und treffen sich hinter verschlossenen Türen. Sie wollen sich nicht als Teil dieser Jesus-Bewegung zu erkennen geben. Maria Magdalena teilt ihnen mit, dass sie Jesus gesehen hat. Sie ist die erste, die Urzeugin. Sie erlebt in einer Vision seine Gegenwart. Sie möchte ihn festhalten, er sagt: »Noli me tangere. – Berühre mich nicht«. Dann trägt er ihr auf: »Geh zu den Jüngern und teile ihnen mit: Ich gehe euch voraus«.

DANIELLE SPERA: Maria Magdalena glaubt, ihn erkannt zu haben, in einer Situation, wo ihr abgöttisch geliebter Freund diesen qualvollen Tod erleidet. Könnte das nicht auch einfach ihre Einbildung sein?

TONI FABER: Das dachten sich die Jünger vielleicht auch. Wer weiß, was sie uns da erzählt, er war ihre große Liebe, sie ist in einem Ausnahmezustand. Wir schauen uns das selbst an. Da machen sie ebenfalls diese Erfahrung des leeren Grabes und der Offenbarung, und Jesus erscheint einigen von ihnen in anderer Gestalt. Sie erkennen ihn an der Art und Weise, wie er mit ihnen das ungesäuerte Brot für Pessach bricht. Er ist da und wieder nicht da. Und acht Tage später erscheint Jesus durch eine geschlossene Tür. Thomas sagt, er glaubt das nicht, bis Jesus ihn seine Wunden berühren lässt. Diese Erscheinungen häufen sich, doch die Jünger und Jüngerinnen sind nicht mutiger geworden. Sie sagen: »Das glaubt uns niemand.« Sie schwören sich jetzt aufeinander ein und warten 50 Tage bis Schawuot, um sich gegenseitig Mut zuzusprechen. Da machen sie die Erfahrung des Feuers, der Begeisterung, und sie treten plötzlich so auf, dass die Menschen sie in den verschiedenen Sprachen hören, sodass sie zum Staunen gebracht werden, wahrlich auch begeistert sind. Sie nehmen ihren ganzen Mut zusammen und legen öffentlich Zeugnis ab.

DANIELLE SPERA: Interessant, denn zu Schawuot erinnern wir Juden uns daran, dass uns die Tora, die hebräische Bibel gegeben wurde. Besonders in Jerusalem gibt es Himmelsphänomene, wo man durch den Sonnenuntergang oft vermeint, Feuer zu sehen. Und in dieser überschwänglichen Liebe seiner Gruppe zu Jesus haben sie vielleicht Phänomene wahrgenommen, die sie später als Wunder bezeichnet haben.

TONI FABER: Feuerflammen und Sturmesbrausen. Plötzlich hatten sie keine Angst mehr, sie trauten sich hinaus und konnten eine Sprache finden, die die Menschen verstanden. Das feiern wir jedes Jahr rund um Pfingsten bei der Firmung – dass sich Jugendlichen mit zwölf bis 14 Jahren trauen, plötzlich etwas zu erkennen. Zu erkennen, dass sie sich in einem Wandel befinden und sich etwas trauen und zutrauen können. So war es bei den Jüngerinnen und Jüngern: Sie konnten in vielen Sprachen Gottes große Taten verkünden, und alle, die zum Schawuotfest zusammenkamen, haben sich plötzlich verstanden. Sie konnten es so erklären, dass es jeder versteht. Das braucht es – eine Botschaft verständlich zu vermitteln.

DANIELLE SPERA: Auch hier haben wir die Parallelen: Die Firmung, beziehungsweise Bar oder Bat Mitzwa, dieses Erwachsenwerden im Sinne der Religion. Und das ist eben genau, was du auch beschrieben hast. Da gibt es im Judentum wie im Christentum Parallelen.

TONI FABER: Das Vorlesen der Tora durch die 13-jährigen Burschen, das ist beeindruckend. Im Christentum findet das nicht am Geburtstag statt, sondern zwischen Ostern und Pfingsten, denn wir erinnern uns an die Begeisterungsfähigkeit. Das katholische Firmalter ist verschieden. Das Christentum kennt kein festes Firmalter, weil in den Ostkirchen die Firmung Teil der Taufe ist und in den evangelischen Kirchen die Konfirmation gefeiert wird, traditionell mit der Wahl eines Bibelspruches.

...

DANIELLE SPERA: Vielleicht sprechen wir jetzt über den vielschichtigen Trennungsprozess. Es gab also diese neue jüdische Gruppierung, deren Anführer, Jesus, getötet wurde, der aber in verschiedenen Gestalten wieder erscheint. Es leben noch die Anhänger, die ihn gesehen und erlebt haben. Sie können sagen: Wir waren mit diesem Wanderprediger unterwegs, wir sind Zeugen seines Lebens und Wirkens. Wir ziehen jetzt aus und verbreiten seine Botschaft.

TONI FABER: Das Allerwichtigste war die Erfahrung des gemeinsamen Mahls. Jesus sagt: Ihr sollt tun, was ihr mit mir beim letzten (Abend-)Mahl erlebt habt. Das Brot brechen, den Kelch mit Wein trinken. In Erinnerung an mich ist das mein Leib und mein Blut. Ich bin dadurch mitten unter euch und bin eure Nahrung. Ich bin gegenwärtig. Das ist das Wichtige der Eucharistie: Tut dies zu meinem Gedächtnis. Das wurde von den Jüdinnen und Juden als Provokation gewertet. Nicht nur Sohn Gottes eines gemeinsamen Vaters, sondern auch noch der Heilige Geist.

DANIELLE SPERA: Wir brechen das Brot an jedem Schabbat, zu jedem Feiertag. Wir trinken den Wein oder Traubensaft, gemeinsam mit den Segenssprüchen. Da kommt ja auch die göttliche Präsenz in das Haus, in dem der Schabbat gefeiert wird. Wir wissen, er ist gegenwärtig, aber wir glauben nicht, dass da ein Mensch war.

TONI FABER: Wir sehen nur das Brot. Doch symbolisch heißt es da: Ich bin mitten in diesen Gestalten unter euch, und meine Kraft, die göttliche Kraft, habe ich euch als Geschenk mitgebracht. Als mutiger Geist, der euch Kühlung zufächelt in der größten Hitze, und gleichzeitig eine Feuerflamme, die das verhärtete Herz aufbricht.

DANIELLE SPERA: Aber das glauben wir auch alles. Eben nur nicht, dass Gott in Menschengestalt da war.

TONI FABER: Da sind dann plötzlich eben die Jesus-Anhänger in der jüdischen Gemeinde, die glauben natürlich, dass sie schon alles gefunden haben, dass das Reich Gottes schon angebrochen ist. Sie sind die Wissenden. Das steuert darauf hin, dass diese Bewegung eine immer eigenständigere Sekte wird, wo dann die Alteingesessenen sagen, alles können die sich nicht erlauben. Die Messias-Erwartung ist doch vielgestaltig, außerdem ist er gekreuzigt worden, ein völliger Misserfolg.

DANIELLE SPERA: Da war das Rationale dann sozusagen im Judentum inhärent, und dort, bei der neuen Gruppierung, war irgendwie dieser Wunderglaube, da war diese Gestalt, und diese Behauptung, das ist jetzt unser Gott.

TONI FABER: Und auch schon diese Aufschrift am Kreuz: Jesus von Nazareth, König der Juden. Pontius Pilatus hat das schreiben lassen. Irgendwie hat er trotz seiner brutalen Amtsführung auch Spuren von Nachdenklichkeit gezeigt.

Aber der Druck war groß. Den Berichten der Evangelien zufolge hat ein aufgewiegelter Teil des Volkes auf ein Todesurteil gedrängt, egal, um wen es sich handelte. Sie wurden aufgewiegelt: Jesus soll sterben. Dieser Jesus, der eine Woche vorher mit einer Erfolgsmaschinerie in Jerusalem begrüßt und mit Palmzweigen bejubelt wurde: Hosianna, du bringst uns Hilfe gegen die Römer, du gibst uns Nahrung, Brot und Spiele, wir brauchen dich. Dasselbe Volk lässt sich, wankelmütig wie es ist, dazu bewegen, dass der Verbrecher Barabbas freigelassen werden soll. Darauf kommt die Frage: Was soll ich mit Jesus tun? Und das Volk schreit: »Kreuzige ihn!« Das »Hosianna« kippt innerhalb einer Woche ins »Crucifige«. Da werden in den Jahrzehnte später geschriebenen Evangelien schon antijüdische Aspekte hineininterpretiert und stellen sicher keinen historischen Bericht dar.

DANIELLE SPERA: Da beginnt eigentlich schon der Streit zwischen den verschiedenen Bewegungen. Wo befinden sich diese Gruppen?

TONI FABER: Zuallererst in Jerusalem und in Galiläa. Erst langsam beginnen Paulus und andere Jünger weiterzuziehen. In die heutige Türkei, nach Kleinasien, nach Kappadokien. Die Jünger schreiben ab dem Jahr 50 alles nieder. Paulus schreibt die Briefe, die werden dann ediert.

DANIELLE SPERA: Aber wie gelingt ihnen diese Begeisterung?

TONI FABER: Dadurch, dass sie Wunder wirken können, dass sie sich den Armen zuwenden.

DANIELLE SPERA: Und die Idee der zwölf Apostel wurde tatsächlich von den zwölf Stämmen Israels aufgegriffen.

TONI FABER: Das ist völlige Typologie; es wird auch von 72 Aposteln, und auch über die große Gruppe von Frauen berichtet, die sie begleitet haben. Vermutlich waren es hunderte Sympathisanten, die wohnten, wo Jesus schon zu Gast war. Das schwappt strahlenförmig über nach Kleinasien, in den Mittelmeerraum hinein, nach Nordafrika, Ägypten, Äthiopien, noch vor Einsetzen der Christenverfolgung.

DANIELLE SPERA: Der Erfolg des Christentums war sicherlich auch darin begründet, dass es einfach eine besser fassbare und viel leichter lebbare Version des Judentums darstellte. Man beschränkt sich eigentlich auf die Zehn Gebote, unter dem Motto: Die 613 Verbote und Gebote des Judentums vergessen wir. Die brauchen wir eigentlich nicht.

TONI FABER: Richtig, aber zwischen Petrus und Paulus wurde noch heftig diskutiert. Petrus war derjenige, der meinte, dass jemand, der Christ wird, beschnittener Jude sein muss. Die Missionierungsgeschichte begann ausgehend von der Synagoge. Vom Judentum. Wenn ein Hauptmann der römischen Besatzung dazukam, dann hat er zwar erkannt, dass Jesus etwas ganz Besonderes war, aber es war klar: Er musste zuerst Jude sein. Das heißt, der Missionierungsgedanke hat sich zunächst nur auf das Judentum beschränkt. Petrus und Paulus gerieten deswegen im Konzil von Jerusalem gegeneinander. Petrus meinte, man müsse alle 613 jüdischen Gebote beachten, auch die Speisevorschriften, doch Paulus, der zuerst ein großer Eiferer und Fanatiker war, sagte, das sei nicht so wichtig. Wir müssen klare Reformschritte setzen, wir müssen auf den heidnischen Raum zugehen. Wenn wir die Begeisterung neuer Anhänger spüren, müssen sie nicht beschnitten werden. Darüber gab es einen Riesenkrach.

DANIELLE SPERA: Da kommen auch noch die noachidischen Gebote ins Spiel. Das sind jene Gebote, die Gott nach der Sintflut Noah und allen Menschen auferlegte. An diese sieben grundlegenden Gebote (Verbot von Mord, Diebstahl, Anbetung von Götzen, Unzucht, Verbot, das Fleisch eines lebenden Tieres zu essen, Verbot der Gotteslästerung und Einführung von Gerichten zur Wahrung des Rechts) sollen sich alle Menschen halten. Daher gibt es im Judentum auch keine Missionierung. Aber nochmals zum Thema Beschneidung. Wie konnte man die Abkehr von der Beschneidung so einfach beschließen? Die Beschneidung hat doch den Bund Gottes mit Abraham besiegelt.

TONI FABER: Sie haben erkannt, dass Gott auch an Unbeschnittenen Wunder gewirkt und sie zu begeisterten Zeugen von Jesus gemacht hat. Die Mehrheit der Gruppe zu dieser Zeit bestand aus beschnittenen jüdischen Männern, aber dass sie auch offen für den anderen Weg waren, das hat natürlich auf den Ausschluss aus der Synagoge zugesteuert.

DANIELLE SPERA: Über die Beschneidung wird heute innerhalb des Judentums in manchen Kreisen bezüglich der Unversehrtheit des Kindes auch wieder diskutiert. Sie findet acht Tage nach der Geburt der männlichen Babys statt. Auch Jesus wurde beschnitten, acht Tage nach seiner Geburt, am 1. Jänner. Da der Tag am Vorabend beginnt, ist das zugehörige christliche Fest also Silvester, das übrigens an einen Papst erinnert, der nicht gerade judenfreundlich war – Papst Silvester I., der am 31. Dezember 355 gestorben ist. Er soll Konstantin den Großen dazu bewegt haben, Juden den Zutritt zu Jerusalem zu verwehren. Über den Hintergrund von Silvester und die Beschneidung von Jesus wissen viele Menschen nicht Bescheid. Die Beschneidung hat ja bei diesen Eintritten in die Gruppe um Jesus bei Männern im Erwachsenenalter stattgefunden. Auch hier wollte man vermutlich den Weg erleichtern.

TONI FABER: Die Beschneidung von Jesus wird in der katholischen Liturgie sehr wohl genannt, aber immer schön als museal zurückgedrängt. Die Apostel hätten sich darüber fast entzweit, weil es für Petrus so wichtig war, beharrlich und vorsichtig zu bleiben. Er wollte in der jüdischen Community missionieren. Paulus dagegen meinte: Ich möchte darüber hinaus, ich möchte die Massen erreichen. Das vom Judentum gelebte Modell ist ohnehin für sich stimmig; es bleibt das auserwählte Volk, auch im christlichen Verständnis. Die »Obrigkeit« hat sich dann entschlossen, wir müssen jetzt über das Judentum hinaus. Der Mut und die Sehnsucht hinauszugehen haben gesiegt. Einige Gesetze wurden allerdings übernommen. Die Missionierten dürfen kein Blut und nichts Ersticktes essen, sie dürfen nicht Unzucht treiben. Das war der Kompromiss des Apostelkonzils von Jerusalem um das Jahr 50, um den Juden keinen Anlass zu Ärgernis zu geben.

DANIELLE SPERA: Das war in der Generation, die Jesus noch erlebt hatte.

TONI FABER: Die Diskussionen haben schon früher begonnen, da war schon klar, dass man solche Diskussionen nicht jeden Tag führen kann, sondern, dass eine Entscheidung getroffen werden musste. Im Nachhinein wird dieses mühsame, jahrzehntelange Ringen um eine Entscheidung biblisch sehr kurz zusammengefasst: »Denn der Heilige Geist und wir haben beschlossen ...« Das war ja auch später so, wenn wir an die heftigen Diskussionen über *Nostra aetate* denken.

DANIELLE SPERA: Der Klerus ist dann später entstanden, also die Hierarchie in der Kirche, das Papsttum. Das gibt es im Judentum nicht. Rabbiner sind zwar Funktionsträger, jüdische Gelehrte, die die Vorschriften der Tora auslegen und den Praxisbezug jüdischer Lehre im Alltag herstellen, als Ratgeber in Glaubens- und Lebensfragen, als Seelsorger. Diese Tätigkeiten wurden bis ins Mittelalter ehrenamtlich ausgeübt. Ursprünglich waren es gelehrte Erzieher, die die schriftliche und mündliche Überlieferung aufzeichneten. Wie hat sich eigentlich der Klerus von den ersten Kirchenvätern heraus entwickelt?

TONI FABER: In den Gemeinden haben sich Leitungsämter herausgebildet, die neben ihrem Beruf ausgewählt wurden, im biblischen Sinn die Presbyter. Das waren bewährte Männer; das Amt des Bischofs, die Bischofstafel, ist in den Pastoralbriefen festgeschrieben. Er soll unbescholten sein, nur eine Frau haben, ein guter Vater sein, nicht trunksüchtig sein, nicht übereifrig und kein Neubekehrter sein. Lauter interessante Dinge. Heute stolpern wir im Gottesdienst darüber, aha: da ist ja vom Zölibat gar keine Rede. Da werden dann krampfhaft theologische Argumentationslinien gesucht: Nur derjenige, der sexuell völlig unbelastet und rein ist, kann zum Tempelkult fähig sein. Das hat sich in den jungen Gemeinden herausgebildet. Da bewährt sich der Mensch mehr, der ausschließlich die Sache Gottes im Sinn hat als jener, der sich um seine Familie kümmern muss. Das wurde dann auch damit vermischt, was wirtschaftlich weiter geschieht. Wenn der Älteste stirbt, hat die Familie Anspruch auf das Vermögen, sonst die Kirche. Das hat aber erst im 12. Jahrhundert zu einer klaren Regelung geführt, dass in der römisch-katholischen Kirche nur der ehelose Mann Priester sein darf.

DANIELLE SPERA: Interessanterweise gab es ja auch im Judentum Gruppierungen, die die

Ehelosigkeit propagierten, wie die Essener, das wissen wir aus den Qumran-Rollen. Wie kann man sich die Diskussionen darüber vorstellen?

TONI FABER: Es war eine Mischung, begründet mit der Konzentration auf die Aufgabe und mit profanen wirtschaftlichen Erklärungen. Dazu gibt es natürlich auch die Beschreibungen, dass nicht jeder dazu erschaffen ist, diese Ehelosigkeit zu leben. Da gibt es ziemlich krumme Argumentationslinien, die niemand mehr mitverfolgen kann. Wenn mir ein Erzieher mit zusammengedrückten Knien erklärt, dass schon Tanzen eine Sünde ist und ausblendet, dass er selbst ein sexuelles Wesen ist, dann kann ich das nicht ganz ernst nehmen. Es gibt bestimmte Dimensionen, die man leben kann und die nicht bei jedem Menschen gleich sind, aber das ist doch etwas Gottgegebenes.

DANIELLE SPERA: Im orthodoxen Judentum wird die Trennung zwischen Männern und Frauen streng vollzogen. Auch beim Tanzen ist man getrennt. Allerdings gibt es kein Heiratsverbot – im Gegenteil. Ich denke auch, dass ein Rabbiner, oder auch eine Rabbanit, ein besserer Ratgeber, eine bessere Ratgeberin ist, wenn sie verheiratet sind, vor allem bei Ehe- oder Familienproblemen.

TONI FABER: Ich gebe dir recht, aber da kann ich auch leicht dagegen argumentieren: Nicht jeder Arzt, nicht jeder Psychotherapeut muss alle Probleme erlebt haben, wichtiger ist die medizinische, die wissenschaftliche Ausbildung, wiewohl Lebenserfahrung nie schaden würde. Bei Priestern ist es die moraltheologische, die ethische, die biblische Bildung, die wichtig ist. Als ich Priester wurde, habe ich überrascht erfahren, dass die Menschen mit all ihren Problemen zu uns kommen. Da hören wir immer wieder: Ich will nicht wissen, was ein Psychologe sagt, sondern was sie als Mann der Kirche sagen. Viele dieser Probleme werden in der Bibel nicht angesprochen oder gar gelöst, aber es gibt eine Grundhaltung, wie man Probleme angehen kann. Es hat mich fasziniert, dass wir in vielen sehr speziellen Bereichen um Rat gefragt werden. Auch in sexuellen Fragen. Ich würde Achtung, Respekt voreinander, die Freiwilligkeit an erste Stelle reihen. Wenn das geklärt ist, dann können die beiden Liebenden tun, was sie für richtig halten. Lebens- und Berufserfahrung tut auch Priestern gut. Erst vor kurzem wurde ein Mann zum Priester geweiht, der ein uneheliches Kind hat. Spannende Biografien, die wir früher gar nicht für möglich gehalten hätten.

DANIELLE SPERA: Beim Thema Ehelosigkeit könnte sich bald einmal etwas bewegen?

TONI FABER: Das könnte jederzeit geändert werden. Papst Franziskus wird immer wieder angefragt, die einen können es sich gar nicht vorstellen und die anderen meinen, ein Dekret genügt, da es nicht göttliches, sondern Kirchenrecht ist.

DANIELLE SPERA: Die meisten Gläubigen hätten sicher dafür Verständnis.

TONI FABER: Ich vermute, zu 90 Prozent. In der evangelischen Kirche wurde das ja gestrichen. Heute ist dort ein Spiegelbild der Gesellschaft zu finden. 50 Prozent der Ehen werden geschieden. Eine Ehe in der Auslage zu führen ist nicht weniger schwer als einen ehelosen Zustand im Schaufenster zu führen. In diesen Ehen finden sich genau die gleichen Probleme wie in der Bevölkerung. Da gibt es von außen schon einen großen moralischen Druck auf die Familien, auch auf die Kinder. Wenn wir an die ehemalige linke Terrorszene in Deutschland denken, da kamen die allermeisten Terroristen aus evangelischen Haushalten. Es war in diesem Kontext immer ein großes Potenzial zur Gesellschaftsveränderung da, und dann gab es junge Menschen, die gesagt haben, da geht nichts weiter, jetzt werden wir militant.

...

DANIELLE SPERA: Du hast einmal gemeint, dass es im Buch Genesis zwei Schöpfungsgeschichten gibt. Könntest du das noch präzisieren, was meinst du damit?

TONI FABER: Natürlich gibt es nur eine Schöpfungsgeschichte, allerdings interpretiere ich aus Genesis zwei Versionen, was die Reihenfolge anbelangt. Die erste steht in den Kapiteln 1,1–2,4a, sie wird als priesterschriftliche Schöpfungsgeschichte bezeichnet und ist die allgemein bekannte, die beispielsweise auch in der Osternacht gelesen wird. Die zweite, die sogenannte jahwistische, finden wir in den Kapiteln 2,4b–25. Man merkt sofort, dass da kein Protokollant am Werk war, das konnte ja auch gar nicht sein. Aber es gibt zwei verschiedene Vorstellungen in Bezug auf den Mensch als Bild Gottes. Das ist eine ganz interessante Gegenüberstellung. Wenn zwei Mütter über ihre Kinder sprechen, wird das kein objektives Protokoll darstellen, es werden die negativen Seiten weggelassen und das Gute hervorgestrichen. So ist es auch mit den biblischen Sprüchen: Einiges in unseren Schriften ist eben nicht protokollarisch gemeint, es wird ein anderer Schwerpunkt gelegt. Das kommt aus dem Ursprungsraum unserer Religionen, aus dem Orient, aus dem wir gelernt haben, wie wir Geschichten erzählen. Das sind immer Geschichten um Geschichte, wie der Bibelwissenschaftler Prof. Jakob Kremer (1924–2010) sagt, oder wenn wir von der Auferstehung sprechen, sind es auch immer verschiedene Formen der Geschichte.

DANIELLE SPERA: Dazu fällt mir der Witz mit dem Schneider und der Maßhose ein: Ein Mann bringt einen wunderbaren Stoff zum Schneider, damit er ihm eine Hose näht. Nach zwei Wochen ist die Hose nicht fertig, auch nicht nach drei oder nach vier Wochen. Endlich, nach sechs Wochen, kann der Mann die Hose abholen, und sagt zum Schneider: Gott hat sechs Tage gebraucht, um die Welt zu erschaffen, und du brauchst sechs Wochen für eine Hose? Darauf antwortet der Schneider: Schau dir doch die Hose an und vergleiche sie mit dem Zustand der Welt ... Spaß beiseite: Du weißt, was es bedeutet, wenn in der Tora etwas zweimal beschrieben wird? Das heißt, dass es wirklich wichtig ist. Das deutet auch darauf hin, dass diese Schöpfungsgeschichte sehr bedeutend ist, vor allem die Schöpfung des Menschen. Es ist auch bei den Zehn Geboten so – sie kommen ja auch zweimal vor, im zweiten und im fünften Buch Mose. Das ist klug, das heißt man kann eigentlich etwas, das wirklich wichtig ist, gar nicht überlesen oder übersehen.

Wir wissen jetzt schon viel über Gemeinsamkeiten, aber das Thema der Abgrenzung mit dem

Ursprung, mit dem Judentum – wie ist das vor sich gegangen? Das Christentum gab es noch nicht, sondern eine Art Reformjudentum unter der Führung von oder nach einer Idee von Jesus.

TONI FABER: Nach neuestem Stand der Forschung war das nicht ein Spruch des Hohen Rates, nicht einer Autorität, sondern es gab in diesem ersten Jahrhundert und den Folgejahren ein Nebeneinander, vielleicht ein Durcheinander. In der Zeit der Pharisäer gab es zwar schon Rabbiner, doch keine »christliche« Obrigkeit, das kam erst nach den ersten Konzilen im vierten Jahrhundert. Da haben sich Autoritäten neu durchgesetzt, miteinander gerungen, dann einen Sieg davongetragen, was aber auch erst wieder verbreitet werden und in die einzelnen Gemeinden hineinsickern musste. Erst mit dem römischen Staatskirchentum hatte das Christentum dann die Möglichkeit eine Struktur und eine Durchschaltmöglichkeit zu bekommen. Alles andere wird sehr diffus gewachsen sein. Heute gibt es in den Religionen eine große Bandbreite. In der katholischen Kirche gibt es die Basisgemeinden und die erzkonservativen Gemeinden, im Judentum gibt es die unterschiedlichsten Gemeinden von ultraorthodox bis ganz liberal.

DANIELLE SPERA: Das ist richtig. Im Judentum gibt es viele verschiedene Facetten, selbst in den kleinsten Gemeinden. In der großen jüdischen Gemeinde von New York zum Beispiel kann man monatelang jede Woche in eine andere Synagoge gehen, ohne je zweimal dieselbe zu besuchen. Die Liturgie ist weitgehend gleich, doch die Art und Weise, wie die Umsetzung im Gottesdienst funktioniert, ist faszinierend. Und das, obwohl das Judentum heute weltweit zahlenmäßig eine ganz kleine Minderheit darstellt, nämlich ca. 0,2 Prozent. Es heißt bei Prälat Johannes Österreicher (1904–1993), dass sich zur Zeit der Bibel vieles noch in einer metaphorischen Fluidität befand. Und, dass »Gottes Sohn« im Judentum der damaligen Zeit sehr viel bedeuten kann. Was meint er damit?

TONI FABER: Er meint, dass verschiedene jüdische Strömungen den Sohn-Gottes-Begriff anders rezipiert haben. Man hat um jede Formulierung gerungen, es gab viele Diskussionen; zuerst wurde etwas aufgeschrieben, und dann wurde es wieder abgeschwächt, so wie es bis heute auch in der Politik Realität ist. Das Wichtigste ist jedenfalls die Vermittlungsarbeit, auch in der Bibel.

DANIELLE SPERA: Das führt uns zum Thema *Parting of the Ways*, wie die Trennungszeit zwischen Juden und Jesus-Anhängern heute genannt wird.

TONI FABER: Das Christentum hat die Beengtheit erkannt, sich nur an jüdische Menschen, nur an

Beschnittene wenden zu dürfen. Da war der Wille hinaus zur Mission, ganz anders als der Gedanke des auserwählten Volkes. Im Judentum hieß es: Wenn wir uns alle an die 613 Gebote halten, dann bricht endlich das Paradies an. Wir brauchen nicht alle zu Ordensleuten zu machen. Das sagen auch wir Christen. Nicht alle müssen diese Lebensform wählen. Wenn manche in einem Kloster in Klausur gehen, dann wirkt das heilend auf die Welt. Wir müssen nicht alle erreichen, weil wir Angst haben, dass sie dann nicht das ewige Heil erhalten. Aber wir wollen allen das Heil anbieten, weil wir überzeugt sind und den ungeheuren Heilsoptimismus haben, dass Gott das Heil aller Menschen will. Daher haben wir eine neue Gelassenheit gewonnen, dass jemand, der nicht konfessionell christlich in unserer Religion geprägt ist, ja auch auf dem rechten Weg ist. Wenn er nach seinen ethischen, moralischen Grundsätzen lebt, wenn er ohne Schuld nie den christlichen, jüdischen, muslimischen, buddhistischen Glauben kennengelernt hat und trotzdem ein guter Mensch ist, ist er ein Gerechter.

DANIELLE SPERA: Wie ist diese Idee der Missionierung eigentlich entstanden? War auch hier der Gedanke, dass man es genau andersherum machen möchte als im Judentum? Denn im

Judentum ist Missionierung ausgeschlossen.
Was war der Gedanke dahinter, und wer hat es
überhaupt aufgebracht?

TONI FABER: Es wird am Ende des Evangeliums
Jesus zugeschrieben, in Matthäus 28,19: »Geht
hinaus in die ganze Welt und verkündet das
Evangelium allen Völkern, macht sie zu meinen
Jüngern und tauft sie auf den Namen des Vaters,
des Sohnes und des Heiligen Geistes.« Das ist ein
Bombenauftrag ganz am Ende des Evangeliums,
und das spricht nicht dafür, dass das Jesus selbst
so gesagt hat.

DANIELLE SPERA: Da hat es die Idee der Trinität ja
noch nicht gegeben.

TONI FABER: Es steht im Matthäusevangelium:
Vater, Sohn und Heiliger Geist, in dieser Ausfor-
mulierung. Allerdings nicht, wie wir dann grie-
chisch-philosophisch die Dreipersonenlehre
meinen, sondern diese Deklaration Jesu, ich bin
in besonderer Weise Kind Gottes, ein Knecht
Gottes, Sohn Gottes, also diese schillernde Vielgestaltigkeit des Gottessohns. Das bedeutet
aber nicht die unbefleckt empfangene Gottesmutter Maria. Das ist ja sozusagen völlig kons-
truiert und nur in einer ganz tiefen, symboli-
schen Mystik verstehbar – es fliegt uns ja
ohnehin immer wieder um die Ohren. Das kann
nur in einer Form der mystischen Reinheit ver-

standen werden, die sich nicht an Begrifflichkeiten festhält.

DANIELLE SPERA: Es gab ja sogenannte Judenchristen, aber auch Heidenchristen. Judenchristen bildeten eigentlich das Urchristentum. Das waren Juden, die an Jesus als Mensch und Messias glaubten. Heidenchristen hatten keinen jüdischen Hintergrund. War es vielleicht einfacher, in späterer Folge nichtjüdische Menschen zum Christentum zu bringen als überzeugte Jüdinnen und Juden? Die Bekehrung war prinzipiell schwierig, Christsein stand im Widerspruch zu den religiösen Selbstverständlichkeiten der damaligen Zeit.

TONI FABER: Manche wurden sozusagen in der Unbefangenheit ihrer selbsterkannten Nachrangigkeit der eigenen esoterischen, naturreligiösen Phänomene leichter angesprochen als jene, die schon im festen Gefüge der jüdischen Religion standen. Bei denen musste ja erst ein bisschen was abgeräumt werden, nach dem Motto: Seid ihr sicher? Es geht nicht nur um einzelne Handgriffe, die Einhaltung der Speisegesetze oder den Tempeldienst, sondern es geht mehr um dein Herz. Liebgewonnene rituelle Gewohnheiten wurden da vielleicht nach dem subjektiven Empfinden mancher jüdischen Gläubigen zu wenig geschätzt. Warum wird da in unseren Grundsätzen etwas verändert? Das war bei Heiden einfacher, sie konnten leichter und schneller für diese neue Bewegung begeistert werden. Es war dann ein theologisches Problem für die Jesusjuden, die sich fragten, ob und was Gott mit ihnen vorhat. Das war das große Ringen. Wenn sich schon so viele Früchte zeigen, dann wurde ja schon etwas bewirkt. Heute versteht man Mission viel mehr in dem Sinne, als dass wir nur den Schleier vor unseren eigenen Augen wegnehmen, um eine freie Sicht darauf zu haben, was Gott schon alles getan hat und tut. Das ist so, wie in dem Moment, als Paulus vor der Stadt Korinth steht und glaubt, »Das sind aber lauter Heiden.« Aber Gott sagt: »Fürchte dich nicht! Rede nur, schweige nicht! Denn ich bin mit dir, niemand wird dir etwas antun. Viel Volk nämlich gehört mir in dieser Stadt.« (Apg 18,9–10).

Auch im Buch Jona ist der Prophet zunächst mutlos und erkennt, dass sich doch alle bekehren. Dieser unbedingte Heilswille wurde dann so interpretiert, dass es nur an der Taufe liegt – wenn du nicht mit Wasser in Berührung kommst, dann hast du keine Chance. Das war natürlich ein ganz enges Denken, bis hin zur dubiosen, längst abgelösten Praxis der Nottaufe eines toten Fötus im Mutterleib mittels einer Spritze, die der Mutter eingeführt wurde.

•••

DANIELLE SPERA: Saulus/Paulus ist eine zentrale Gestalt, die man einer tieferen Betrachtung unterziehen muss. Er nimmt eine wichtige Rolle ein, da er sich von einem Extrem zum anderen wandelt. Zuerst überbordend jüdisch, dann genauso überbordend antijüdisch. Wie lässt sich das mit seinem Christentum vereinbaren?

TONI FABER: Wir erleben noch immer bei Neubekehrten, in welcher Religion auch immer, dass die Gefahr besteht, dass das Pendel total ausschlägt. Bei Paulus ist es brutal ausgeschlagen. Er war ein brennender Mensch. Er sprach immer von einem Stachel in seinem Fleisch. Das ist dann kurzfristig als die Sünde der Selbstbefriedigung bezeichnet worden, was nicht richtig ist. Paulus hat sich sein ganzes Leben lang geschämt, dass er früher Anhänger von Jesus verfolgt, sogar getötet hat. Das hat ihm einen Ruf beschert, der nicht der beste war. Vermutlich wollte er das wettmachen. Dann hat er übertrieben. Er wird auch als Frauenverächter und Verächter der Fleischeslust nicht richtig beschrieben. Das war er nicht, aber er hat dezidiert diesen missionarischen Gedanken vertreten: Ich muss für das, was ich früher verfolgt habe, Zeuge sein bis ans Ende der Welt. Das war sein Auftrag von Jesus, dafür hat er gebrannt. Er muss ein charismatischer Anführer gewesen sein, dass er so viel unterwegs war und gesagt hat, ich möchte die ganzen Gemeinden in Kleinasien, in Griechenland, in Rom, erreichen. Die Reisen, die Strapazen, die er auf sich genommen hat. Er war harte Arbeit gewohnt, er war ja ursprünglich Zeltmacher. Er hat groß gedacht, im Gegensatz zu den ersten Aposteln. Da gibt es ja auch viele Unterschiede zwischen Petrus und Paulus – Petrus mit seiner vorsichtig zurückhaltenden, konservativen Haltung und dieses offensiv Missionarische von Paulus. Die Ergänzung der beiden Prinzipien ist das, wofür die ganze Sache steht. Aber Saulus hat gewütet – und auch als Paulus war er ein Getriebener, ein Managertyp, der global wirken wollte. Er sagte, wir brauchen nicht nur Jerusalem und Rom, sondern wollte noch weiter. Er war ein besessener, fleißiger Arbeiter, er hat geschrieben ohne Ende. Er hatte ja nicht nur mit den Gemeinden in Rom, Korinth, Galatien, Ephesos, Thessaloniki und so weiter Kontakt; diese Briefe können wir im Neuen Testament nachlesen, sie sind im sogenannten Kanon überliefert. Auch einzelnen Personen hat er geschrieben, wie Titus, Philemon oder Timotheus. Und dann gab es da sicher noch unzählige persönliche

Begegnungen. Grandios, in einem Leben so viel unterzubringen.

DANIELLE SPERA: Es ist jedenfalls spannend, dass sich Paulus so radikal gewandelt hat.

TONI FABER: Wir haben bei uns in der christlichen Tradition immer wieder solche Neubekehrte, die große Prediger werden können. Sie leben das dann, dieses »ich bin ein Bekehrter«. Sie faszinieren durch ihr Charisma, sodass man ihnen gut zuhören kann. Sie haben mehr Zuspruch.

DANIELLE SPERA: Im Stephansdom gibt es ja etwas Neues zu Paulus, das gotische Portal.

TONI FABER: Der Haupteingang in den Stephansdom war nicht das Riesentor, sondern durch Jahrhunderte hinweg das Portal, das im 14. Jahrhundert im Auftrag von Rudolf dem Stifter mit dem besten Steinbildhauern seiner Zeit errichtet wurde: das Singertor, das zur Singstraße hin führt, weil dort die Sängerschule stand, die Kantorei. Dieser Portaleingang ist so künstlerisch hochwertig gestaltet, dass man 50 Jahre danach eine Portalhalle gebaut hat, um das Singertor vor der Witterung und anderen Einflüssen zu schützen. Das Tor zeigt neben Rudolf dem Stifter und seiner Frau Katharina mit ihren Wappenträgern einen Kranz von Heiligen. In der Mitte sieht man eine fantastische Bilderserie dieser lebenswichtigen Geschichte des Apostels Paulus und wie

Saulus, der Christenverfolger, seine Wandlung erlebte. Er ist hoch zu Ross unterwegs und verfolgt die Christen als jüdischer Gelehrter, als Pharisäer, im Glauben, er erfülle damit den Willen Gottes. Dann erscheint ihm Jesus. Saulus/Paulus stürzt zu Boden und erblindet. Er wird als Blinder nach Damaskus geführt und geht dort in seine zweite Glaubensschule. So, wie er den jüdischen Glauben tief gelernt hat, so lernt er jetzt auf der Grundlage seines jüdischen Glaubens, die Jesus-Begegnung zu deuten. Er studiert noch einmal die heiligen Schriften des ersten Bundes, die anderen gibt es zu diesem Zeitpunkt noch nicht.

DANIELLE SPERA: Das heißt, er studiert den Tanach, die Heilige Schrift, und alle anderen jüdischen Schriften, die dazugehören, nochmals?

TONI FABER: Ja, aber aus dem Blickwinkel der messianischen Erfüllung, die er vorher noch völlig bestritten hat. In der nächsten Szene am Singertor sieht man schon die Taufe und nochmals die Begegnung mit Jesus, um den großen Glauben zu zeigen. Dieses Portal aus dem 14. Jahrhundert, das durch Jahrhunderte immer zugänglich war, allerdings seit 1945 nicht mehr genutzt wurde, ist jetzt frisch renoviert und endlich wieder sichtbar.

DANIELLE SPERA: Interessant, dass beim Bau des Stephansdoms so großes Augenmerk auf Saulus/Paulus gelegt wurde.

TONI FABER: Dieses Portal kann man aus heutiger Sicht wie einen Comicstrip lesen. Warum war das aus unserer Sicht so wichtig? Später am Hochaltarbild von 1647 wird die Steinigung des heiligen Stephanus, unseres Hauptpatrones gezeigt: Die Steiniger legen ihre Gewänder zu Füßen des Saulus, der auf diesem Bild als Christenverfolger auf dem Pferd zu sehen ist. Das wurde so dargestellt, um dann den bekehrten Paulus hochzuschätzen.

DANIELLE SPERA: Aber könnte da nicht im Sinne der drastischen Abkehr und der Abgrenzung vom Judentum auch das Kalkül dahinter stehen, dass man Saulus ganz besonders brutal dargestellt hat, nicht nur, um ihn als Christen zu überhöhen, sondern auch, um ihn auch als Juden schlecht zu machen? Das hat ja dann auch den Antijudaismus geschürt.

TONI FABER: Es war vielleicht die vereinfachte Darstellung vom Gauner zum Straßenprediger. Das ist eine Geschichte, die jeder gerne hört. Saulus war als Christenverfolger gefürchtet. Der will jetzt als Glaubenszeuge zu uns kommen? Alle waren erschrocken, den wollen wir eigentlich nicht. Das ist vielfach belegt.

DANIELLE SPERA: Ist Saulus mit Jesus zusammengetroffen, hat er ihn erlebt?

TONI FABER: Nein, er hat ihn nur durch die vorhin beschriebene Vision erfahren, er war nicht unter den Aposteln. Er hatte seine Bekehrung erst nach dem Tod von Jesus in der Erscheinung des Auferstandenen, der rief: »Saul, Saul, warum verfolgst du mich?« Als Paulus wurde er aber fast wichtiger und prägender als Petrus.

...

DANIELLE SPERA: Über das Stichwort Petrus, der ja Jesus erlebt hatte, kommen wir vielleicht zum Thema: Gottesmordvorwurf. Über Jahrhunderte wurde verbreitet, dass die Juden Gottesmörder seien. Das hatte fürchterliche Auswirkungen und ist eine der Hauptursachen für den Antisemitismus. Bis heute hört man noch solche Aussagen.

TONI FABER: Es wurden Texte aus der Heiligen Schrift umgedeutet. Schon im ersten Jahrhundert hieß es dann plötzlich: »die Juden«, obwohl alle selbst noch Juden waren. Gemeint waren die Verantwortlichen, diejenigen, die viel Politik gemacht hatten. Das war nicht völkisch und auch nicht religiös gemeint. Wenn der Evangelist Johannes von Juden spricht, dann kann nicht die religiöse Gruppierung gemeint sein, sondern ein Teil der Verantwortlichen, ein damalig bekannter Teil der Oberschicht.

DANIELLE SPERA: Daraus ist aber geworden, dass es Juden waren, die Jesus getötet hätten. 450 Stellen im »Neuen Testament« sprechen davon, beginnend mit dem Matthäusevangelium: »Am Morgen aber hielten alle Hohepriester und die Ältesten des Volkes einen Rat über Jesus, dass sie ihn töten, und sie banden ihn, führten ihn ab und überantworteten ihn dem Statthalter Pilatus.« (Mt 27,1–2).

TONI FABER: Im ersten Jahrhundert um 50 und 55 sind alle noch in die Synagoge gegangen und haben dort gepredigt. In den Diskussionen während des Konzils in der Vorbereitung von *Nostra aetate* heißt es dazu: Für den Tod von Jesus verantwortlich sei eine kleine Gruppe von Juden, ein Römer (Pontius Pilatus), und eine Handvoll Syrer, die zu einer in Palästina stationierten Kohorte gehörten. So hat es Kardinal Franz König (1905–2004) damals auch im Zweiten Vatikanischen Konzil genannt. Und all diesen hat Jesus am Kreuz schon vergeben. Das heißt, dieser Gottesmordvorwurf, und die damit verbundene Verantwortung, geht völlig ins Leere.

In Bezug auf alle Formen des Antisemitismus hätte die Abgrenzung des Konzils deutlicher ausfallen können. Ein klares Zurückweisen mit der Formulierung »verurteilt das Konzil« wäre besser als nur der Begriff »beklagt« gewesen. Nun heißt es im Text: »... beklagt die Kirche ... alle Haßausbrüche, Verfolgungen und Manifestationen des Antisemitismus, die sich zu irgendeiner Zeit und von irgend jemandem gegen die Juden gerichtet haben.«

DANIELLE SPERA: Aber in dieser Anfangszeit, des *Parting of the Ways*, hat man ausdrücklich damit Politik gemacht, die Juden schlecht dastehen zu lassen, um damit die Abgrenzung vielleicht noch stärker hervorzuheben. Da heißt es zum Beispiel bei Melito von Sardes, der um 180 gestorben ist: »Gott ist ermordet worden und hat sich vom Volk Israel abgewandt und es bestraft.«

TONI FABER: Das findet dann auch seine Erweiterung in der Substitutionstheorie, der viele Kirchenväter angehangen sind: Gott habe das Volk Israel seit der Kreuzigung Jesu Christi verflucht, habe seinen Bund mit den Juden aufgehoben und diese Erwählung stattdessen auf die Kirche als neues Volk Gottes übertragen. Da hat man gern übersehen, dass Gottes Berufung eindeutig und unwiderruflich ist, dass es das auserwählte Volk nach wie vor gibt. Dass das der Stamm ist, auf dem wir aufgepfropft sind. Dass die Juden unsere älteren Geschwister sind, das war lange Zeit verdeckt. Da haben sich viele Kirchenväter mit der Substitutionstheorie bequem abgefunden und sich darauf berufen.

DANIELLE SPERA: Das erinnert mich an den Satz aus *Fiddler on the Roof,* wo Tewje, der Milchmann, sagt: »Wir wissen, dass du uns auserwählt hast, lieber Gott, aber könntest du bitte nicht manchmal ein anderes Volk auswählen?« Er nimmt damit sarkastisch die fürchterlichen Folgen und Auswirkungen der jahrhundertelangen Judenverfolgung aufs Korn.

TONI FABER: Ich gebe dir recht. Solche theologischen Theorien haben große Grausamkeit ausgelöst. Denken wir an die Gesera, die Zerstörung der Wiener jüdischen Gemeinde im Mittelalter. Diese Theorien waren das Fundament für Verachtung bis hin zum vielfachen Mord. Da sind Religionen versucht, sich vereinnahmen zu lassen. Da haben wir viel Schuld auf uns geladen. Diese Aufarbeitung, die seit der Shoah passiert ist, war heilsam.

DANIELLE SPERA: Am Anfang stand die Abwertung des Judentums: Es ist uns jedes Mittel recht, dass wir uns von unserem früheren Judentum abwenden.

TONI FABER: Die ersten Christen, die ja noch in die Synagoge gegangen sind, die schreiben nicht gegen das Volk. Sie schreiben in einem gegen die eigene jüdische Obrigkeit gerichteten Denken, gegen die Elite. Ich glaube, sie schreiben für eine reformierte Fassung des Judentums, an die anderen Juden gerichtet: Gesteht es uns zu, verfolgt uns nicht. Diese ersten Gläubigen sind alle noch nicht von der Trennung ausgegangen. Sie ringen darum, wer sich eigentlich innerhalb der eigenen, der jüdischen Familie, durchsetzt. Es gab ja zu dieser Zeit viele verschiedene Strömungen des Judentums.

DANIELLE SPERA: Das heißt, zu Beginn wollte man eigentlich ein reformiertes, ein leichter verständliches Judentum schaffen.

TONI FABER: Das Ziel war zu dem Zeitpunkt eine barmherzige Interpretation des jüdischen Gesetzes, man wollte sich von einer nur eng geführten gesetzlichen Interpretation der Tora abheben. Auch der Erwählungsgedanke des jüdischen Volkes sollte neu und weiter interpretiert werden. Der Ruf ist heilig, den gibt es nach wie vor, der hält stand. Wir sind aber der Zweig unseres Stammes, der mehr Frucht bringen, der mehr Zulauf bekommen wird.

DANIELLE SPERA: Die Gebote und Verbote im Judentum bedeuten eine große Verantwortung. Hier stand sicher die Idee im Vordergrund: Wir bieten wir einfachere Erklärungen und legen viele Pflichten, die die Juden zu erfüllen haben, ad acta. Die sind uns zu schwierig, das wollen wir uns nicht antun.

TONI FABER: Ja, das kann durchaus so sein. Wir betonen die liebende Hingabe Gottes am Kreuz. In dieser Betonung der Barmherzigkeit gegenüber einer rein gesetzlichen Interpretation werden die vereinfachten Gegenspieler von Liebe oder Gesetz unter ein neues Generalthema gestellt.

DANIELLE SPERA: Die Liebe ist ebenso im Tanach, in den jüdischen Schriften festgeschrieben, und dort auch das Generalthema.

TONI FABER: In den neuen Schriften wird das jüdische Gebot der Nächstenliebe als das »königliche Gesetz« der Tora (Jac 2,8) sehr wohl unterstrichen, aber es werden dann schon neue Wege beschritten.

Die damals herrschende Interpretation von Geltung und Umfang des Schabbatgebots wird in Frage gestellt. Da heißt es dann: Es wird uns nicht das einzelne Werk vor Gott auserwählt machen, es wird die Beschneidung nicht wichtig sein. Es zählt nicht mehr, wer man ist, Mann, Frau, Grieche, Jude, Heide. Es zählt nur noch, ob du dich in deinem Herzen von der Versteinerung befreien lässt, wie es schon beim Propheten Ezechiel in 36,26 heißt: »Ich schenke euch ein neues Herz und lege einen neuen Geist in euch. Ich nehme das Herz von Stein aus eurer Brust und gebe euch ein Herz von Fleisch.« Damit können Glauben, Vertrauen, Hingabe besser wachsen. Das ist wichtiger als das Abhaken von Geboten. Dafür ist dann Paulus der große Vorkämpfer geworden.

DANIELLE SPERA: Aber er hätte es besser wissen müssen, denn er war ja ein Wissender?

TONI FABER: Er schreibt das ganz deutlich: Ich bin ein Gelehrter. Er hat sich laufend mit Jüngern zusammengetan und sich dann wieder zerstritten. Er hat gegen die »Anhänger des neuen Weges« angeschrieben, hat sich beim Hohepriester beschwert. Dann kommt das Wunder von Damaskus, wo Saulus den Lichtstrahl sieht.

DANIELLE SPERA: Dort waren lauter Juden beteiligt, die Jesus noch gehört hatten.

TONI FABER: Es steht geschrieben, Paulus bezeugte den Juden, die noch nicht Jesus-Anhänger waren. Das ist mit Juden gemeint. Als sie sich dagegen wehrten, dass Jesus der Messias sei, als sie sich dagegen in Korinth auflehnten, da »schüttelte Paulus seine Kleider aus und sagt zu ihnen: euer Blut komme über euer Haupt! Ich bin daran unschuldig. Von jetzt an werde ich nur noch zu den Heiden gehen« (Apg 18,6). Professor Markus Tiwald, der 2022 das richtungsweisende Buch *Frühjudentum und beginnendes Christentum.*

Gemeinsame Wurzeln und das »Parting of the Ways« geschrieben hat, resümiert das Leben des Paulus: »Aufgewachsen in der liberalen jüdischen Diaspora – bekehrt zum übereifrigen Pharisäer – bekehrt zum übereifrigen Christusverkünder – bekehrt zum Glauben, dass sich Gott aller erbarmen wird.«

DANIELLE SPERA: Dort hatten sie es sicher leichter, denn die Heiden mussten nicht von einer Religion abschwören. Kommen wir zum Thema Liebe, beziehungsweise Nächstenliebe. Bis heute glauben viele Menschen, dass das im »Neuen Testament« steht. Es heißt auch immer, das »Alte Testament« sei das strenge, da gebe es den strafenden Gott, und das ist einfach nicht richtig. Wieso hat sich das über Jahrhunderte halten können? Es ist so leicht nachzulesen.

TONI FABER: Das ist unser alter, primitiver Religionsunterricht. Da wurde den Menschen jahrhundertelang die Verachtung gelehrt! Es wurden Unterschiede heruntergebrochen auf Gegensätze, die merkt man sich besser. Die Gelehrten haben das nicht korrigiert.

DANIELLE SPERA: Sie hatten ja auch eine Agenda. Die scharfe Abtrennung und Abgrenzung.

TONI FABER: Das setzt sich bei Luther fort, auch er hat heftig gegen die Juden gewettert. Aber Gott sei Dank haben sich die Evangelischen Kirchen in Österreich 1998 in der Erklärung *Zeit zur Umkehr* vom Inhalt der Spätschriften Luthers mit ihrer Forderung nach Vertreibung und Verfolgung der Juden klar distanziert. Sie »verwerfen« diese Inhalte.

Da merkt man, wo man sich gesellschaftlich hineintreiben lässt. Dieses Überlegenheitsgefühl, das finden wir heute noch in anderen Ausformungen. Es gab vor kurzem Diskussionen über einen afrikanischen Kaplan, wo plötzlich Stimmen laut wurden, der verstehe vielleicht »unsere« Leute nicht …, da gibt es ja oft Vorurteile, da ist etwas Fremdes, etwas Anderes, und das ist uns fern.

DANIELLE SPERA: Da muss man gleichzeitig aber festhalten, dass ja die ersten Anhänger der neuen Bewegung allesamt Juden waren. Das waren keine Fremden. Bis heute werden sie zu Fremden gemacht. Es sind österreichische Jüdinnen und Juden, wie es österreichische Katholikinnen und Katholiken oder österreichische Muslime gibt, et cetera.

TONI FABER: Dieser Gedanke der Auserwähltheit, des Zugangs zur Bildung, zur Schrift, wenn jemand klüger oder tüchtiger ist, schafft bei den einen Neid und Verachtung, aber andere fühlen sich angesprochen und wollen selbst in ihrem Wissen wachsen. Neid hat sich in diesem

Gemenge mit dem Religiösen vermischt und es verunreinigt.

DANIELLE SPERA: Apropos klüger: Im Judentum werden seit frühester Zeit die Buben ab drei Jahren unterrichtet, und die Mädchen lernten zu einer Zeit lesen und schreiben, als es undenkbar war, dass Frauen Bildung zukommen soll. Das schärft den Verstand. Das hätte die neue Bewegung auch beibehalten können, Jesus hatte ja diese Bildung.

TONI FABER: Das war sicher zu streng und zu aufwendig. Da hat das auserwählte Volk für sich einen anderen Anspruch und gibt den Kindern gleich eine andere DNA mit. Das macht sie verdächtigt bei den anderen und kann ein Minderwertigkeitsgefühl erzeugen. Wir brauchen uns nur Adolf Hitler mit seinem Minderwertigkeitskomplex anschauen.

DANIELLE SPERA: Aber es fallen die Leute bis heute darauf herein.

TONI FABER: Ja, man sieht, dass die Menschen bis heute auf solche Narren hereinfallen.

■ ■ ■

DANIELLE SPERA: Zum Thema »Auserwähltes Volk«: Es heißt ja, Gott habe die Gebote allen Völker angeboten, nur die Juden wollten das auf sich nehmen.

TONI FABER: Dieses menschliche Grauen, das wird uns ja ständig vor Augen geführt. Ich beschäftige mich gerne mit Hochzeiten, Taufen und schönen Festen, aber in Wirklichkeit ist die Grausamkeit genauso Realität. Wenn wir davon sprechen, was das Schicksal, was Gott zulässt, kann das ein guter Gott sein; dass er Auschwitz zugelassen hat, das glaube ich nicht. Die Grausamkeit, die Menschen einander antun – wenn eine Mutter ihre kleinen Kinder tötet, wie es gerade geschehen ist. Das ist aber in jedem Menschen vorhanden. Wir kämpfen mühsam und ständig in uns. Wenn ich zur Betreuung im Gefängnis bin, dann sind das oft Menschen, die diesem Kampf der Vernunft gegen die Leidenschaft in sich selbst völlig erliegen. Wenn vor deinen Augen deine Kinder massakriert werden, da ist es schwierig, Vernunft walten zu lassen. Unser jüdisch-christliches Menschenbild sagt: Ja, so sind wir. Wir sind gut erschaffen, aber gleichzeitig zu allem fähig. Wir sind bestimmt von guten Eigenschaften, aber auch von niederen Instinkten. Das sieht man auch am Hohelied, an der Leidenschaft, die da beschreiben ist.

DANIELLE SPERA: Das ist das Schir haSchirim, das Lied der Lieder. Es ist eine Sammlung von zum Teil erotischen Liebesliedern, die von König Salomo verfasst worden sein sollen. Es ist Teil des »Alten Testaments« und zählt zu den fünf Megillot, den Festrollen des Judentums. Hier wurde und wird darüber diskutiert, ob es ein weltlich oder geistlich zu deutender Text sei, also nicht über die Liebe zwischen Mann und Frau erzähle, sondern zwischen Mensch und Gott.

TONI FABER: An der Westfassade des Stephansdoms finden wir eine klar erkennbare Darstellung von Penis und Vagina. Wir sind von so vielen Dingen bestimmt, von der Lebensweitergabe, aber auch der Sexualität bis hin zur Perversion. Die Bibel ist voll davon. Man denke auch an die Märtyrergeschichten im Neuen Testament. Gottfried Helnwein hat ein Bild für den Stephansdom geschaffen, da habe ich ihm gesagt, bitte nicht zu blutig. Er hat geantwortet, schau dir doch die Märtyrer an, die Pfeile im Körper. Was wir da auch bildlich vorgesetzt bekommen.

DANIELLE SPERA: Daher ist das Bilderverbot eigentlich sinnvoll. Man hat keine Ablenkung, man konzentriert sich auf die Essenz, auf das Wesentliche, auf das Gebet. Das geht so weit, dass in manchen Synagogen Männer und Frauen getrennt sind. Das heißt, die Frauen dürfen die Männer sehen, umgekehrt nicht. Männer sind verführbar. Aber wir haben alles in unserer Hand, wir können uns entscheiden.

TONI FABER: Genau das sage ich von diesem gewagten philosophischen Standpunkt. Wir haben einen freien Willen, bei aller Determination. In der Vorbereitung auf den Zölibat habe ich die Übung gemacht, Frauen ganz bewusst anzuschauen und nur zu denken: Danke, Gott, dass du die Frauen so schön gemacht hast. Und nicht an mehr zu denken. Diese Ehrlichkeit, sich einzugestehen, dass wir Fehler begehen. Gott hat Erbarmen, Gott reute das Unrecht, dass er seinem Volk angetan hat.

DANIELLE SPERA: Denken wir an die Akeda, die Bindung Isaaks. Die Prüfung bis zum Allerletzten: Gott befiehlt Abraham, dass er seinen Sohn Isaak töten soll, den Sohn, auf den er und seine Frau Sarah so lange gewartet haben. Und dann kommt der barmherzige Gott und verhindert das in Form eines Engels, der Abraham im letzten Moment daran abhält, Isaak zu töten.

TONI FABER: Das zeichnet unsere beiden Religionen aus – als Geschwister –, dass wir diese Leidenschaften, dieses Versagen des Menschen, erlitten haben und erleiden. Wir erleben heute Antisemitismus, aber auch Christenverfolgungen. Das zeichnet uns aus, dass wir dieses ganze Menschenbild, nicht nur das scheinheilige Wunschbild, zeigen. Selbst dem größten Verbrecher sprechen wir die Gottebenbildlichkeit nicht ab. Nach dem Anschlag am 2. November 2020 hat Kardinal Schönborn mit der Regierung, mit den anderen Religionsvertretern einen Gedenkgottesdienst im Stephansdom angesetzt. Der Kardinal meinte, wir zünden für die Opfer Kerzen an, und zwar für alle Opfer, auch für den Attentäter. Er war ein Opfer seiner Ideologie. Er hat sich verleiten lassen. Wir brauchten eine fünfte Kerze; da gab es kurz eine heftige Diskussion, doch er hat darauf bestanden. Aus unserem jüdisch-christlichen Menschenbild haben wir Werkzeuge der freien Entscheidung, der freien Einschätzung, der Lenkung unseres Willens, des Kampfes gegen die böse Leidenschaft in uns. Der Pflicht, dass diese guten Eigenschaften trainiert werden, geübt, geschult werden. Dass wir Zeugnis davon ablegen, dass wir aus unserer tausendfältigen Leidensgeschichte Lehren gezogen haben; ganz besonders aus der Shoah, aus der christlich-jüdischen Tragödie. So oft haben Christen durch die Jahrhunderte hindurch zur Judenverfolgung beigetragen und dem nicht Einhalt geboten, sondern im Gegenteil dazu noch aufgehetzt. Mit Predigten von Heiligen, die aber nie in diesem Sinne makellos und ohne Fehler heilig sind, sondern bei jedem findest du eine ganze Liste von Sünden. Und bei vielen heiligen und christlichen Gelehrten war diese Sünde des Antisemitismus da.

DANIELLE SPERA: Die Zehn Gebote, das wäre unsere Richtschnur. Sie wurden aus dem »Alten Testament« übernommen. Moses führt die Juden aus Ägypten, wo sie als Sklaven arbeiten mussten. Jetzt sind sie in Freiheit und erhalten Regeln dafür, wie sie sich benehmen sollen. Zehn Gebote, die man an allen zehn Fingern abzählen kann. Wenn alle Menschen nur diese Zehn Gebote einhielten, könnten wir alle im Paradies leben. Das Christentum hat die Zählung etwas verändert. In der jüdischen Tradition sind die Gebote auf zwei Tafeln verteilt, auf jeder jeweils fünf Gebote. So stehen das vierte und fünfte Gebot auf der Tafel der Gebote, die Gott betreffen. In der christlichen Tradition sind drei Gebote (die Gott betreffen) auf einer Tafel und sieben Gebote (die Menschen betreffen) auf einer anderen Tafel.

TONI FABER: Ja, die Zählung wurde christlich aufgeschüttelt und neu formuliert. Die Hochschätzung des Auswendiglernens hat sich in meiner eigenen Schulzeit auch stark verändert. Als ich aufgewachsen bin, mussten wir weder die 23 Wiener Bezirke auswendig können noch die Zehn Gebote. Oder auch Schillers »Glocke«, das war plötzlich unmodern. Nur die Dummen lernen auswendig, die anderen verstehen es. Ich war in Meidling in der Schule, dort hat man die Zehn Gebote nie wirklich durchgenommen. Es war mir fast peinlich, als ich später bei Beichten nicht genau gewusst habe, was gemeint ist, wenn der Beichtende sagte, ich habe gegen das fünfte Gebot verstoßen, oder mehrfach gegen das sechste.

DANIELLE SPERA: Die Zehn Gebote werden auch Dekalog (»zehn Worte«) genannt, denn es sind ja eigentlich die zehn Aufträge, die Gott in direkter Anrede den Menschen übermittelt. Diese Gebote sind – wie alles Wichtige – zwei Mal in der Tora aufgeschrieben, im zweiten Buch Mose (Schemot/Ex 20,1) und im fünften Buch Mose (Dewarim/Dt 5,5). Im »Neuen Testament« kommen sie gar nicht vor?

TONI FABER: Im Katechismus ja. Die neue Nummerierung hat dann in der Lehre der Kirche nach der Ablösung von der Synagoge stattgefunden. Im Lauf der Geschichte, unter Augustinus, wurden die Gebote neu eingeteilt.

DANIELLE SPERA: Das fünfte Gebot ist ja bei uns sehr wichtig: »Ehre Vater und Mutter, dann wirst du ein langes Leben haben«. Es ist interessant, denn es ist der Reihenfolge gemäß wichtiger als »Du sollst nicht töten«, oder »Du sollst nicht ehebrechen«.

TONI FABER: Das ist ja eigentlich egoistisch: Damit es *dir* gut geht und *du* ein langes Leben hast.

DANIELLE SPERA: Das zweite Gebot ist das Bilderverbot, das im Judentum streng eingehalten wird, denn Gott ist anders, als die Menschen sich vorstellen. Überall und in allem finden wir Gott als unverwechselbares Wesen. Es hatte ursprünglich auch mit dem Verbot des Götzendienstes zu tun, und mit der Anbetung von Abbildungen und Statuen von Götzen. Hier gibt es auch eine Parallele zum Verbot, den Namen Gottes auszusprechen. Das Bilderverbot wurde im Christentum bis zum zweiten Jahrhundert eingehalten. Ab dem dritten Jahrhundert gibt es Darstellungen von Jesus. Erst im achten Jahrhundert wurden dann Bilder zur Andacht erlaubt.

TONI FABER: Gott, der Vater wurde nicht dargestellt. Bildliche, symbolische Darstellungen von Jesus gab es schon in den Katakomben: das Bild des guten Hirten, das Bildnis des Pfaus für das ewige Leben, die Lamellen, die Muscheln, das Wasser oder der Fisch. Also Symbole, wie Jesus gesehen wurde. Erst einige Jahrhunderte später hat man die Person Jesu als guten Hirten dargestellt, obwohl er selbst ja nie Hirte war. Aus dem Symbol wurde eine Identifizierung mit Jesus Christus. Wir wollen alle in der Nähe des Göttlichen sein, das trauen wir uns auch abzubilden, ganz im Gegensatz zum Bilderverbot. Die Menschen sind nicht alle Intellektuelle, sie sind physischer, haptischer veranlagt. Es kommt der menschlichen Schwäche näher. Man will sich ein Bild machen. Bis hin zu abstrusen Dingen, wo man in der Verehrung der Heiligen ein Stück des Heiligen mitnehmen wollte, ein Stück seines Leichnams, ein Stück seiner Kleidung. Es gab sogar Vorfälle, wo man einem Heiligen einen Finger abgebissen hat. Bis heute kommt es vor, dass Touristen in den Wiener Katakomben ein Stück mitnehmen. So wie im Hotel, wo man Gefahr läuft, dass die Gäste etwas »als Souvenir« mitgehen lassen. Es ist aber auch schon passiert, dass Touristen dann nach einem Unglücksfall in der Familie anonym ihre »Souvenirs« wieder an uns zurückschicken.

DANIELLE SPERA: In der Ausgrabung der mittelalterlichen Synagoge am Judenplatz musste ich eine Frau darauf aufmerksam machen, dass die Steine nicht zum Mitnehmen da sind. Sie hatte bereits mehrere in ihre Tasche gesteckt, hat die Aufregung aber nicht verstanden, denn sie meinte, es seien ja ohnehin noch genug andere Steine vorhanden.

TONI FABER: Die Sehnsucht, etwas Heiliges daheim zu haben, oder ein Bildchen, ein Amulett, einen Talisman mitzunehmen, hat sicher auch zu den opulenten Bildern geführt. In einer evangelischen Kirche, in einer Synagoge, in einer Moschee gar nichts zu sehen, stimmt mich traurig, weil ich ein emotionaler Mensch bin. In einer Barockkirche mit üppigen Darstellungen ist das zwar manchmal überbordend, doch mir liegt das. Ich glaube auch, dass die Mehrheit bildliche Darstellungen möchte, weil man sich daran festhalten kann. Ein zärtliches Lächeln der Mutter Gottes, ein Jesuskind als Baby mit Weltapfel, das ist lieblich. Das ist nicht unser Gottesbild, doch es ist ein emotionaler Zugang.

•••

DANIELLE SPERA: Die Bilder in Kirchen weisen in ihren Darstellungen auch oft antisemitische Konnotationen auf. Dazu hat sich gerade folgende Geschichte ereignet: Der zwölfjährige Enkel von einem unserer Rabbiner wurde beim Fußballspielen am Börseplatz von einem etwa gleichaltrigen Buben gefragt, ob er nicht seine Kappe ablegen möchte. Er fragte daraufhin, weshalb er die Kappe abnehmen solle. Die Antwort des Buben war: »Ich möchte sehen, ob du Hörner hast.« Er nahm die Kappe ab, und der Bub sagte: »Das muss ich meiner Mama sagen, sie hat mir gesagt, dass alle Juden Hörner haben.«

Der Enkel unseres Rabbiners ließ sich jedenfalls nicht aus der Ruhe bringen und spielte weiter mit dem Buben Fußball. Ich bin eigentlich schockiert, dass so etwas heute, im Jahr 2023, noch passieren kann. Beim Nachdenken darüber sind mir die Moses-Darstellungen – auch in Kirchen – eingefallen, bei denen Moses Hörner hat, zum Beispiel beim berühmten Moses von Michelangelo. Dies ist vermutlich auf das »Strahlen« von Moses zurückzuführen.

TONI FABER: Ja, das begründet sich auf einen Übersetzungsfehler, wo aus dem Hebräischen, das keine Vokale kennt, bereits in einer griechischen Übersetzung aus den Strahlen Hörner wurden. Beim Übertragen in die lateinische Übersetzung wurde der Fehler übernommen.

DANIELLE SPERA: Hörner deuten auf etwas Negatives hin, wie beim Teufel. So entstehen dann durch einen Übersetzungsfehler schreckliche Klischeevorstellungen. Es beginnt mit Übersetzungen und endet bei Ritualmordbehauptungen, die zu furchtbaren Konsequenzen geführt haben, alles im Namen der Kirche. Diese Bilder sehen die Gläubigen in den Kirchen und das bleibt dann hängen. In diesem Zusammenhang müssen auch die furchtbaren Anschuldigungen gegen Juden und den Behauptungen von Ritualmorden genannt werden. Hier hat es in Österreich, in Rinn bei Innsbruck, lange Zeit den »Anderle-Kult« gegeben, wo im 17. Jahrhundert behauptet wurde, im Mittelalter sei ein Kind von Juden ermordet worden, die dann das Blut verwendet hätten. Das ist so jenseitig, denn im Judentum sind Kinder fast etwas Heiliges, sie bedeuten die Fortsetzung unseres Lebens. Und das Blutverbot ist ein essenzielles Gebot.

TONI FABER: Das waren absolut abstruse Legenden, auf der Grundlage dessen, dass eine Theologie sich von einer antisemitischen Grundstimmung hat erfassen lassen und das selbst dann ausformuliert und verbreitet hat. So sind diese furchtbaren Geschichten entstanden. Das war brandgefährlich. Jeder, der in die Glut hineinbläst, muss wissen, dass dadurch ein Glutregen entstehen kann. Heute bildet der billigste Boulevard täglich solche Sachen ab. So etwas richtet sich an die tiefsten und niedrigsten Instinkte von Menschen. Das führt dann immer wieder zum Sündenbocksyndrom. Im Mittelalter ist dieser Sündenbock wiederholt von Neid und Eifersucht ausgelöst gefunden worden. Da war eine Gruppe von Menschen, in vielerlei Bereichen erfolgreich, denen werden wir ihren Erfolg heimzahlen. Die Theologie hat sich hier schwer schuldig gemacht. Das passt genau in unsere Typologie. Da ist das alte Jerusalem, und wir sind neu. Jesus wollte das nicht. Es wurde in besorgniserregender Weise umgedreht. Hier hat sich die Theologie nicht nur von einer gesellschaftlichen Grundtendenz missbrauchen lassen, sondern war selbst Akteurin in einer Lehre der Verachtung mit nachhaltiger Wirkung. Sie hat furchtbares Unheil ausgelöst, bis hin zur vielfachen Ermordung unserer jüdischen Schwestern und Brüder.

DANIELLE SPERA: Ist das nicht eine zu einfache Erklärung, die sich auf die gesellschaftliche Grundtendenz bezieht? Die Kirche war ja die Elite der Gesellschaft, die mittelalterlichen Prediger und Priester haben ja direkt zum Einschreiten gegen Juden aufgerufen.

TONI FABER: Da hat die katholische Kirche sicher große Schuld auf sich geladen. Fromme Seelen wurden missbraucht und haben mitgebetet, das hat furchtbare Formen angenommen.

DANIELLE SPERA: Über viele Jahrhunderte wurde das nicht besprochen, nicht thematisiert, beziehungsweise wurden abscheuliche Legendenbildungen nicht nur geduldet, sondern haben sogar zur Verbreitung beigetragen. Der Anderle-Kult wurde erst in den 1990er-Jahren unter Bischof Reinhold Stecher (1921–2013) verboten. Wieso hat das so lange gedauert?

TONI FABER: Da war die Kirche wie geblendet von dieser eingleisigen Substitutionstheorie. Sie wurde von einigen Kirchenvätern behauptet und hat sich dann in der Allgemeinheit verbreitet.

Ich hatte als Jugendlicher auch keine Vorstellung von Jüdinnen und Juden, außer aus der Geschichte. Es gab bei uns keine Berührungspunkte, wir kannten keine Juden. Ich hatte daher auch kein Bild von Juden.

DANIELLE SPERA: Und die Vermittlung im Religionsunterricht, wie ist das damals abgelaufen?

TONI FABER: Es war damals kein Thema, dass Jesus Jude war. Eigentlich wurden mir erst beim Theologiestudium die jüdische Geschichte und die gemeinsamen Wurzeln bewusst. Mein Bibelstudium in Israel war dann der große Impuls. Es war für mich wie eine Entdeckungsreise. Ich habe die Ideen von Prälat Österreicher kennengelernt und war fasziniert. Wir müssen Christen und Juden dazu bewegen, einander nicht als Fremde oder gar als Feinde, sondern als geistlich Verwandte anzusehen, war seine Doktrin, die ich begeistert übernommen habe. Oder auch Wolfgang Feneberg (1935–2018), der uns dort unterrichtet hat. Da ist mein großes Interesse erwacht. Seither war ich oft in Israel und habe immer deutlicher gesehen, wie sehr wir Juden und Christen zusammengehören. Im Priesterseminar hatte ich dann eine Mesusa an meiner Tür und war stolz auf meine Kippa aus

Israel. In der Synagoge konnte ich den Gebeten folgen.

DANIELLE SPERA: Was kann man tun, wenn heute ein jüdisches Kind in Österreich von einem anderen Kind gefragt wird, wo denn die Hörner seien?

TONI FABER: Es ist unvorstellbar, ich denke, man muss das immer wieder betonen, auch niederschwellig.

DANIELLE SPERA: Gab es eigentlich je Diskussionen über die 613 Mitzwot, die Gebote und Verbote im Judentum? Hat man darüber diskutiert, ob man etwas davon beibehalten soll?

TONI FABER: Die Apostel waren alle Juden, die kannten die Gebote und Verbote, da wurde sicherlich gerungen und viel diskutiert, aber sobald man auf die Heiden zugegangen ist, hat sich das wahrscheinlich auch relativiert. Man wollte jedoch die Jesus-Anhänger, die das strenger genommen haben, nicht provozieren. Gleichzeitig hat man doch ein paar Grundsätze übernommen, wie das Verbot von Götzenopfertieren, Verbot des Verzehrs von Blut und Ersticktem (nicht geschächtetes Fleisch), sowie das Verbot der Unzucht, um die Spannungen zwischen den Gruppen nicht zu erhöhen. Das sind die sogenannten Jakobusregeln, die auf Jakobus, der auch als ein Bruder, also als Verwandter von Jesus gilt, zurückzuführen sind.

DANIELLE SPERA: Das heißt, man hat sich an ein Minimum der Regeln gehalten. Allerdings wurden keine verbotenen Tiere genannt, wie bei den Regeln der Kaschrut, den Koscher-Gesetzen. Was also im »Alten Testament« steht, ist für Christen nicht bindend.

TONI FABER: Für uns Christen nicht. Zum Beispiel hat das dritte Buch Mose, Levitikus, in weiten Teilen keine Geltung mehr, denn da sind die Regeln für den Tempeldienst niedergeschrieben, aber den Tempel gibt es nicht mehr. So haben sich die Christen das sicherlich auch gedacht.

Petrus ist in Joppe bei einem Gerber, Simon, untergebracht, und erfährt in einer nächtlichen Vision von einem für ihn neuen Plan Gottes mit dem Bestreben des heidnischen Hauptmanns Kornelius: »Da begann Petrus zu reden und sagte: wahrhaftig, jetzt begreife ich, dass Gott nicht auf die Person sieht, sondern dass ihm in jedem Volk willkommen ist, wer ihn fürchtet und tut, was recht ist. Er hat das Wort den Israeliten gesandt, indem er den Frieden verkündete durch Jesus Christus; dieser ist der Herr aller.« (Apg 10,34).

Noch während Petrus das sagte, kam der Heilige Geist auf alle herab. In der Nacht davor gibt es die Geschichte von der Vision des Petrus in Joppe: »... stieg Petrus auf das Dach, um zu beten, ... da wurde er hungrig und wollte essen. Während man etwas zubereitete, kam eine Verzückung über ihn. Er sah den Himmel offen und eine Schale auf die Erde herabkommen, die aussah wie ein großes Leinentuch, das an den vier Ecken gehalten wurde. Darin lagen alle möglichen Vierfüßler, Kriechtiere der Erde und Vögel des Himmels. Und eine Stimme rief ihm zu: Steh auf, Petrus, schlachte und iss. Petrus aber antwortete: Niemals, Herr! Noch nie habe ich etwas Unheiliges und Unreines gegessen. Da richtete sich die Stimme ein zweites Mal an ihn: Was Gott für rein erklärt hat, nenne du nicht unrein! Das geschah dreimal, dann wurde die Schale plötzlich in den Himmel hinaufgezogen.« (Apg 10,9–16).

Das heißt, für Petrus und danach haben die Speisevorschriften nicht mehr gegolten.

DANIELLE SPERA: Hm, da hat man es sich sehr leicht gemacht. Wenn der Herr spricht, dann gibt es nichts mehr dazu zu sagen. Und die Beschneidung, ist die damals auch weggefallen?

DANIELLE SPERA: Das Thema Beschneidung für die Heiden ließ man offen. Jene, die wollen, können sich beschneiden lassen. Die anderen müssen nicht neu beschnitten werden, das war die Diskussion zwischen Petrus und Paulus. Ohne Beschneidung gibt es kein Heil, so lautete die eine Meinung, und die zweite, dass Gott schon gehandelt hat, dann braucht man nichts mehr dazu tun. Da ist diese Verstockungstheorie, die im Neuen Testament durchaus immer da ist. Die haben es nicht verstanden, daher hat Gott Jesus geschickt, der scheinbar nicht mehr Jude war, sondern schon etwas anders.

Entgegen dieser Verstockungstheorie ist völlig klar, dass der Geist des Herrn immer auch schon im ersten Bund, im Alten Testament spricht. In Wirklichkeit ist das Neue Testament, das Entstehen der Jesusgläubigen unter den Juden, eine Aufforderung an Juden, die noch nicht an Jesus glauben, dass sie das doch endlich auch tun und den Weg weitergehen als Juden, so wie der Apostel Paulus im Römerbrief. Es ist eine Herausforderung, so wie im Alten Bund Gott einen Propheten schickt, damit er das Volk zur Umkehr aufruft, aber nie es vernichten, sondern nur auf den richtigen Pfad bringen will. Der ewige Bund wird nie aufgekündigt. Jesus, Paulus, Petrus blieben bis an ihr Lebensende natürlich Juden. Das habe ich bei Professor Feneberg in Israel mit 20 Jahren gelernt.

DANIELLE SPERA: Also dieser Bund Abrahams mit Gott, der eigentlich durch die Beschneidung vollzogen war, was wurde dann daraus?

TONI FABER: Dieser Bund ist bestätigt worden. Die Auserwählung war da, und als äußeres Zeichen bleibt die Beschneidung weiter als Erinnerung an die Erwählung. In der Bibelschule hat mich das sehr beschäftigt. Dort habe ich dann auch zum ersten Mal Beschneidungswerkzeuge gesehen, ein Jahr später war ich bei einem Praktikum als OP-Gehilfe sogar bei einer Beschneidung im Krankenhaus Goldenes Kreuz dabei. Wer hat das bei euch in der Familie gemacht?

DANIELLE SPERA: Bei meinem Sohn hat es, so martialisch das klingen mag, der koschere Fleischhauer, durchgeführt. Er war gleichzeitig der Mohel, der ausgebildete Beschneider. Wir haben es in der Synagoge durchgeführt, und dann kam er mehrmals zu uns nach Hause zum Verbandwechsel. Heute gibt es in Wien mehrere ausgebildete Männer, die Beschneidungen vornehmen.

...

DANIELLE SPERA: Wenn wir jetzt schon beim Thema Unterscheidungen sind, dann fällt mir auch die Beichte ein. Das ist ja ein Instrument, das wir im Judentum nicht kennen. Wir benötigen sozusagen keine weltliche Instanz, Gott macht sich das direkt mit uns aus. Zum jüdischen Neujahr und bis hin zu Jom Kippur, dem Versöhnungstag, dem höchsten Feiertag im jüdischen Jahr, einem Fasttag, bereuen wir, bekennen uns schuldig, versöhnen uns und hoffen, dass wir in diesen Tag gut für das nächste Jahr in das Buch des Lebens eingeschrieben werden.

TONI FABER: Die Beichte ist ein Instrument, wo ich geschützt mit meiner persönlichen Schuld besser umgehen kann, als sie nur – nach jüdischer Tradition – auf einen Sündenbock abzuladen und in die Wüste zu jagen. Diese Sehnsucht, einen Sündenbock zu haben, das ist viel einfacher.

DANIELLE SPERA: Das ist ein Klischee aus der Tora, den Sündenbock brauchen wir nicht. Es gibt Jom Kippur, wo wir mit uns und mit Gott ins Reine kommen. Wir schauen selbst in uns, in unser Gewissen, reflektieren selbst – was bereuen wir, was werden wir in Zukunft besser machen?

TONI FABER: Wir haben bei uns jeden Tag im Gottesdienst einen Bußakt, wo wir uns besinnen. Ich bin nicht vollkommen, ich schaue in den Gewissensspiegel und stehe vor dem barmherzigen Gott, der Sünden vergibt. Ich kann nicht besser werden, wenn ich mir nur oft genug auf die Brust schlage. Die Leute glauben, sie gehen in den Gottesdienst und sagen, ich habe gesündigt, als ob der Priester sagt, du Sünderin, du Sünder, wie es in schlechten Predigten war. Die Vergegenwärtigung mit allem, was nicht gut gegangen ist. In all dem weiß ich, dass Gott mir vergeben kann, dass er mich annimmt, so wie ich bin. Im Gottesdienst oder in liturgisch geprägten Zeiten wie der Fastenzeit und im Advent, vor den größten Festen im Jahr wird mir bewusst, ich muss an einem inneren Stein arbeiten. Ich muss an meiner Persönlichkeit, an meinen Fehlern arbeiten. Und wenn ich nichts tun würde, wird es nicht automatisch schlechter, aber ich komme auf eine schiefe Ebene, die mich tief hinuntergleiten lässt, wenn ich nicht auf mich achte.

DANIELLE SPERA: Das heißt, die Beichte ist nicht nötig?

TONI FABER: Die Beichte wird stark empfohlen. Aber meinen Schätzungen nach nehmen nicht einmal fünf Prozent der österreichischen Katholiken sie wahr. Es ist ein Angebot, dass es ein Instrument gibt, sich in einem persönlichen Zwiegespräch an einen Priester zu wenden, vor Weihnachten oder Ostern, oder wenn etwas Außergewöhnliches geschehen ist. Es kommen keine Schwerverbrecher, sondern Menschen, die alltägliche Sorgen haben, im Verhältnis zwischen den Generationen, mit den Nachbarn, angesichts einer bedrohlichen gesundheitlichen Situation, angesichts einer brüchigen Partnerschaft, eines Streits, eines Unfalls, einer knapp entgangenen Situation, wo die Menschen plötzlich sagen, ich möchte mit mir ins Reine kommen. Wenn man das kann, dann ist es auch möglich, auf andere zuzugehen, auch wenn man nicht weiß, was ein anderer Mensch eigentlich gegen mich hat.

DANIELLE SPERA: Zu Jom Kippur soll man sich auch mit Menschen aussprechen, mit denen man vielleicht im vergangenen Jahr Probleme hatte, sich entschuldigen, selbst wenn man daran gar nicht schuld war. Mir erscheint die Beichte nicht sehr sinnvoll, beziehungsweise hat man es sich auch hier leicht gemacht. Man hat gesündigt, geht zum Priester, der einem dann sagt, sprechen Sie dieses oder jenes Gebet zehn Mal, und flugs ist die Sünde weggezaubert.

TONI FABER: Das Missverständnis ist, man zählt seine Sünden auf, betet drei Vater unser, und damit hat es sich. Nein! Das ist nur ein äußeres Zeichen der Buße. In Wirklichkeit wissen wir als Katholiken hundertprozentig, dass Gott uns vergibt. Ich stehe ihm gegenüber, doch glauben kann ich es nicht ganz. Wie gut ist es, dass dann eine Person Gottes, ein Priester mir sagt: Im Namen Gottes bestätige ich dir, wenn es dir aufrichtig leid tut, und du den Vorsatz hast, das nicht mehr zu machen, dass Gott dir schon vergeben hat. Nicht ich bin der moralisch Überlegene, sondern selbst ein sündiger Mensch, aber ein Sprachrohr Gottes. Als kleines Zeichen der Bereitschaft und deiner Dankbarkeit, dich zu bessern, vieles wieder gut zu machen, sprichst du das Gebet. Den Schulkindern sage ich: Bete für die Person, der du etwas Böses angetan hast. Manchmal kommen Menschen mit Schuldgefühlen und sagen, der Mensch, dem ich Schlechtes angetan habe, ist gestorben. Meine Antwort darauf ist: Schau, dass du es in Zukunft besser tun kannst, und mache jemand anderem eine Freude, kümmere dich um deine Mitmenschen. Die Beichte wurde jedenfalls ein rares Instrument. Auch weil es Priester gab, die hier ihre scheinbare moralische Überlegenheit ausgespielt oder auch die Beichtenden mit neugierigen, unangenehmen Fragen belastet hatten – bis hin zu den Missbrauchsverhältnissen. Wir stehen vor dem göttlichen Richter, der aber nichts mit dem Richter im profanen Leben zu tun hat, sondern mit der gläubigen Sicherheit, dass es bei ihm immer einen Freispruch gibt.

DANIELLE SPERA: Wie hat sich die Beichte im Christentum eigentlich etabliert?

TONI FABER: Nach Matthäus 18,15–17: »Weise deinen Bruder zuerst einmal unter vier Augen zurecht und wenn er nicht auf dich hört, nimm einen oder zwei Zeugen dazu, und dann erst sprich mit ihm vor der ganzen Gemeinde.« In den Ordensgemeinschaften wird das bis heute noch praktiziert. Ein Mönch, eine Nonne wirft sich zu Boden und spricht dort über die Vergehen. Das ist so wie in einer Familie, wo einer etwas tut, das der ganzen Familie schadet.

Ab dem dritten Jahrhundert hat sich die Einzelbeichte mehr und mehr etabliert. Man hat erkannt, dass ein Schuldbekenntnis vor der gesamten Gemeinde nicht sinnvoll ist, denn dann entsteht Tratsch und Unruhe. Da kam die notwendige Diskretion dazu und die angemessene Form der Beichte, die nur mehr auf berufene Priester im Beichtstuhl zugeschnitten war, die gibt es zwar immer noch, aber immer öfter kommen die Menschen in ein Beicht- und Aussprachezimmer.

DANIELLE SPERA: Das klingt dann schon nach Psychohygiene, oder nach der Arbeit von Psychologen, eines Psychotherapeuten.

TONI FABER: Seit etwa 40 Jahren gibt es Beichtzimmer, wo man von Angesicht zu Angesicht zusammensitzt. Auch dort gibt es aber die Möglichkeit, sich vor ein Gitter zu knien. Wenn ich im Beichtzimmer bin, oder gar der Kardinal, kommt es manchmal vor, dass die Beichtenden entweder unbedingt zu uns kommen wollen oder im Gegenteil eben nicht zu einem öffentlich bekannten Priester. Als ich als junger Priester mit dem

Beichtdienst begonnen hatte, hat eine ältere Dame gemeint, zu ihnen kann ich nicht kommen, sie verstehen das noch nicht. Ein großer Nachteil ist, dass Frauen kein adäquates Gegenüber haben. Viele würden sich sicher lieber einer anderen Frau anvertrauen als einem Priester. Für die Priester ist das manchmal auch überfordernd. Es gibt aber auch kuriose Auswüchse, wie zum Beispiel in Polen, wo vor Taufen oder Firmungen ein Beichtzettel vorgewiesen werden muss, also eine Bestätigung, dass man beichten war. Da kommen Massen an Familien, die zum Priester sagen, bitte nur um den Beichtzettel – ohne Beichte.

DANIELLE SPERA: Eine Scheinhandlung also.

TONI FABER: Es erinnert mich daran, dass mir Oberrabbiner Eisenberg einmal erzählt hat, dass es in der jüdischen Gemeinde erlaubt ist, zu Pessach, wo man ja eine Woche nichts Gegorenes und Gesäuertes wie Brot oder Hülsenfrüchte im Haus haben darf, die Lebensmittel, die noch da sind, symbolisch zu verkaufen und nach acht Tagen wieder zurückzukaufen. Das ist ja auch eine Scheinhandlung.

DANIELLE SPERA: Darüber gab es jahrhundertelange Kontroversen unter Rabbinern, da es den Eindruck erweckt, man wolle ein Gesetz umgehen. Hier ist es formaljuristisch richtig: Man verkauft es, es gehört einem in dieser Zeit also nicht, und kauft es dann zurück. Ich sehe einen guten Mittelweg darin, und vor allem dient es der Nachhaltigkeit. Man verschwendet keine Lebensmittel. Pessach ist das zentrale Fest im Judentum. Vieles findet sich im Christentum davon wieder. Das letzte Abendmahl war das Abendessen zu Beginn von Pessach, das Sedermahl. Die Liturgie im christlichen Gottesdienst bezieht sich darauf – mit Brot und Wein. Die Erinnerung an den Auszug aus Ägypten, den Beginn eines Lebens in Freiheit. Vor Pessach werden jüdische Wohnungen gründlich gereinigt, damit es keine Reste von Brot gibt, da wir in dieser Woche nichts Gesäuertes essen dürfen. Daraus ist später der »Osterputz« geworden. Die »Ostereier« stammen von der Tradition des Sedertellers. Auf diesem Teller liegen am Sederabend Speisen, die symbolisch an das traurige Los der Jüdinnen und Juden als Sklaven in Ägypten erinnern, zum Beispiel ein hartgekochtes Ei als Zeichen der Trauer, aber auch der Rundheit des Lebens und des ständigen Neuanfangs, oder Salzwasser, das an die Tränen der Juden erinnern soll. Schließlich wurde Pessach auch immer wieder zum Anlass für Judenverfolgungen genommen. Es gab Ausschreitungen bis hin zu Ermordung. Auch hier hat Österreich eine Tradition, wenn wir an die Auslöschung der jüdischen Gemeinde von Pulkau zu Ostern des Jahres 1338 erinnern, wo nach der Behauptung einer Hostienschändung alle Jüdinnen und Juden ermordet wurden, auch in näheren und weiter entfernten Gemeinden. Da kommen wir wieder auf den Antijudaismus und Antisemitismus zu sprechen: Dass es im Christentum letztendlich zu einer strikten Trennung vom Judentum kommen musste, ist irgendwie verständlich, aber wie konnte dieser Hass entstehen? Von der Inquisition, den Ritualmordlegenden, bis hin zur Shoah. Wie konnten die Kirchenführer, die den barmherzigen Gott vor sich tragen, das alles zulassen, ja sogar dazu aufrufen?

TONI FABER: Ich dachte als Jugendlicher, das betrifft mich nicht. Wolfgang Feneberg, mein Lehrer in der Bibelschule in Israel, hat mir dementsprechend die Augen geöffnet. Ich habe gelernt, dass auch wir heute dafür Verantwortung tragen, wiewohl wir selbst nicht schuldig sind. Ich habe sicher Versäumnisschuld auf mich geladen, weil ich mich nicht früher damit auseinandergesetzt habe. Die Schuldgeschichte, die uns belastet, gehört immer wieder neu aufgearbeitet. Die Reaktion auf den Auserwählungsgedanken des jüdischen Volkes hat über Jahrhunderte zu den furchtbarsten Grausamkeiten geführt. Wenn jemand eine Rolle von Gott bekommen hat, ist

Neid entstanden. Dass sich Christen haben einfangen lassen, ist doppelt beschämend, so wie jeder Missbrauchsfall in der Kirche doppelt schwer wiegt. Weil der Anspruch, Gott nahe, sein Diener zu sein, einen von menschlichen Regungen befreien sollte, aber wir wissen ganz genau, dass das nicht möglich ist. Der moralische Anspruch ist jedenfalls da.

DANIELLE SPERA: Oft klingt es so beiläufig, aber die Kirche hat nicht nur weggeschaut oder den Antijudaismus geschürt, sie hat aktiv die Rolle am Entstehen und der Verbreitung übernommen. Es gab Aufrufe zur Gewalt gegen Juden.

TONI FABER: Dem müssen wir uns wirklich stellen, das wird heute auch getan. Dass man so schnell zur Tagesordnung übergegangen ist, erschüttert mich. Nach dem Zweiten Weltkrieg hat man hier rasch alles zugedeckt. Frühere Täter oder Mitläufer sind in allen Bereichen in wichtige Positionen gekommen, auch in heiklen Bereichen wie der Kinderpsychiatrie oder an Gerichten. Das große Unrecht wurde unter den Teppich gekehrt. Die Rolle von Papst Pius XII. (1876–1958) wird ja bis heute diskutiert. Er hat zwar vielen Jüdinnen und Juden geholfen, nach dem Krieg aber die Täter beim Untertauchen unterstützt. Da halte ich mir den Spiegel vor und frage mich: Wie wäre ich damit umgegangen?

DANIELLE SPERA: Inquisition, Kreuzzüge, wie geht man heute aus christlicher Sicht damit um?

TONI FABER: Es gab neben dieser Schuldgeschichte auch immer Heilsgeschichten. Die Kirche hat gleichzeitig für Bildung, Hospitalität, Krankenwesen, für Kultur, für die Armen gesorgt, wäre das nicht gewesen, gäbe es die katholische Kirche heute nicht. Neben dem großen Strang des guten, motivierten christlichen Lebens hat es auch die Ränder gegeben. Auswüchse, die wir aus der heutigen Perspektive gar nicht verstehen können. Damit nur einen schwarzen Strich unter die Vergangenheit zu ziehen, würde dem nicht gerecht werden. Es ist erschütternd, dass es bis heute an Mut fehlt, aufzustehen, wenn Ungerechtigkeiten passieren. Aus Angst vor Nachteilen. Ich denke oft darüber nach, dass ich als Kind oder Jugendlicher mitgemacht habe, wenn es gegen Schwächere ging.

DANIELLE SPERA: Die österreichisch-jüdische Geschichte ist hier ja ein unrühmliches Beispiel, da haben über Jahrhunderte hinweg Verfolgungen stattgefunden, immer im Namen des Christentums. Von der Gesera, über Leopold, der die Juden ins Ghetto geschickt und dann ausgewiesen hat, oder Maria Theresia, sie alle hatten als gute Katholiken gegen die Juden entschieden und den Antisemitismus mit Begründung auf die

Religion noch geschürt. Auch der erste Jude, von dem wir verbrieft wissen, dass er in Wien mit seiner Familie und seinen Mitarbeitern gelebt hat, Schlom, wurde 1196 von Kreuzrittern getötet, samt 15 seiner Angehörigen. Das Christentum hat also über Jahrhunderte hinweg eine Blutspur gezogen.

TONI FABER: Wie oft haben machtpolitische oder finanzielle Interessen dahintergestanden. Zuerst hat man gute Geschäfte mit den Juden gemacht, dann hat man gemeint, man sei im Nachteil, am besten vertreibe ich sie und eigne mir ihr Vermögen an. Ein demütiges Hinschauen ist wichtig, damit man gewappnet ist, dass man sich nicht missbrauchen lässt.

DANIELLE SPERA: Tut die Kirche in diesem Bereich heute genug?

TONI FABER: Ich glaube, dass wir seit *Nostra aetate* klargestellt haben, dass jede antisemitische Äußerung und Handlung diametral dem Glauben widerspricht. Hier wurde es Gott sei Dank Schwarz auf Weiß niedergeschrieben. Wir müssen das mühsam aufarbeiten – was auch geschieht. Wir setzen uns intensiv damit auseinander: die Gedenktafel am Judenplatz, das Bekenntnis der theologischen Fakultät an der Mitschuld an der Gesera. Es ist wichtig, dass wir das in Erinnerung rufen. Wir sind gut beraten, voneinander zu lernen. Der Dialog ist so wichtig. Jenen, die sagen, das geht uns nichts mehr an, entgegne ich: Doch, es geht uns etwas an. Das ist unsere heutige Aufgabe; Dialogbereitschaft, Lernbereitschaft. Jeder Gedenkakt, jede Tafel hilft, dass wir andere noch wachrütteln, auch Menschen, die mit latentem Antisemitismus, die aus dem arabischen Raum zu uns nach Österreich kommen.

DANIELLE SPERA: Dass das heute noch geschieht …

TONI FABER: Es tut uns gut, wenn wir eure Reaktion erleben. Da ist ein Auswuchs da, mit dem wir uns auseinandersetzen müssen. Wir haben eine Verpflichtung, wir haben heute viele Instrumente: Was kann ich als katholischer Priester mitten in der Stadt beitragen, was tun mit diversen Darstellungen in Kirchen? Wir müssen die Verirrungen der Geschichte ansprechen, und da sind wir auf einem guten Weg. Es ist gut, dass wir uns heute intensiv damit auseinandersetzen. Und es beginnt schon bei der Sprache.

DANIELLE SPERA: Wir kennen die Geschichte heute, wir leben in einer aufgeklärten Gesellschaft.

TONI FABER: Es wachsen Menschen nach, die Schablonen übernehmen … Es ist unsere ständige Aufgabe, dass wir das klar ansprechen und nach richtigen Formaten suchen. Nur mit Verboten aus dem Wokeness-Bereich, nach dem Motto: Wir sind die Erhabenen, wir sagen euch jetzt, wie ihr zu reden habt, damit wird man nicht viel ausrichten. Wir dürfen uns nicht in der Erregungskultur ergehen, sondern wir müssen aktiv etwas tun, uns deutlich diesen Tendenzen stellen. Mutige Formate finden.

DANIELLE SPERA: Sprichst du offensiv an, dass Jesus Jude war?

TONI FABER: Ja, immer. Ich spreche auch immer vom jüdisch-christlichen Hintergrund. Für mich sind die jüdischen Wurzeln selbstverständlich. Allerdings wäre ich interessiert, welche Rückmeldungen es dazu gibt, ob das wohl alle auch so sehen wie ich. Doch ich werde nie darauf angesprochen, auch nicht von älteren Jahrgängen.

DANIELLE SPERA: Das stimmt uns vielleicht optimistisch.

TONI FABER: Es könnte eventuell davon zeugen, dass der Antisemitismus weniger wird. Aber es gibt noch immer Biotope, zum Beispiel am Fußballplatz, da gibt es einen Bodensatz. Es herrscht gleichermaßen Begeisterung bei kultivierten und einfachen Menschen, doch plötzlich schlägt das Pendel aufgrund irgendeines Vorfalls auf dem Fußballfeld um, und dann werden alle gemeinsam ausfällig und attackieren den Gegner verbal. Da muss man der Realität ins Auge sehen, dass jeder von uns immer in Versuchung geraten kann.

DANIELLE SPERA: Wie lässt sich die gegenwärtige Beziehung zwischen Christen und Juden beschreiben?

TONI FABER: Es ist ein ungeheuer belastetes Verhältnis, weil den Jüdinnen und Juden unsägliche Verbrechen im Namen des christlichen Glaubens angetan worden sind – in einer völligen Verdrehung all dessen, was biblische Geschichte im Gesamten bedeutet. Glücklicherweise ist dies nach der Shoah im Zuge des Zweiten Vatikanischen Konzils aufgearbeitet worden. Endlich wurde betont, dass Jüdinnen und Juden unsere älteren Brüder und Schwestern, dass wir aus demselben Stamm gewachsen sind. Heute lesen wir die Bibel ohne diese schrecklich antisemitische Brille und wissen ganz genau, was wir dem jüdischen Volk schuldig sind. Für mich waren diese drei Monate Bibelschule in Israel ein wesentlicher Einschnitt. Da realisierte ich, dass Antisemitismus nicht nur etwas mit der Geschichte, sondern mit uns heute etwas zu tun hat. In dieser Zeit habe ich durch den Besuch der Synagogen, der Gottesdienste und in jüdischen Häusern viel von dem gelernt, was unsere christliche Identität ausmacht. Ich spreche daher von unseren jüdisch-christlichen Wurzeln, wenn ich versuche, unsere religiösen Wurzeln zu kennzeichnen.

DANIELLE SPERA: Wie lässt sich der Begriff des jüdisch-christlichen Erbes eigentlich genau einordnen?

TONI FABER: Das jüdisch-christliche Erbe umfasst alles, was wir uns als aufgeklärte naturwissenschaftlich hinterfragte Welt geschaffen haben, die Frage des Woher und Wohin – in einer ganz großen Selbstverantwortung. Wir müssen einerseits das Individuum ernst nehmen als Gottes Ebenbild und gleichzeitig das Gemeinwohl. In dieser Balance haben wir viel mehr Chancen als in einem blinden Nationalismus, oder im kommunistischen Atheismus, wo der Einzelne unwichtig wird, oder in einer superkapitalistischen, unverantwortlichen Überhöhung des Einzelnen. Durch unser jüdisch-christliches Erbe sind wir vor solchen Gefahren gewappnet. Wir müssen über den Tod hinausdenken, das Leben nicht nur als letzte Gelegenheit betrachten, wo jeder rücksichtslos macht, was er will. Da bin ich stolz auf unseren Papst Franziskus, der mit den Weltreligionen einen Weg beschreitet und betont, dass wir vor aller religiösen und konfessionellen Unterscheidung zuerst auf die Gemeinsamkeiten der einen Menschheitsfamilie eingehen müssen – zuerst sind wir einmal Brüder und Schwestern der einen Familie.

DANIELLE SPERA: In diesem Sinn hoffen wir beide, mit diesem Buch einen Beitrag dazu zu leisten, dass Menschen aufeinander zugehen können und unsere gemeinsamen Wurzeln als Chance für ein besseres Zusammenleben wahrnehmen. Dazu können wir abschließend ein bekräftigendes Wort verwenden, dass unsere Religionen eint. Es stammt vom hebräischen Wort Emuna, also Glaube, Zuversicht: Amen!

Der jüdische
Gottesdienst

Jüdinnen und Juden versammeln sich in Synagogen (Hebr. Bet Knesset, wörtl. »Versammlungsort«) nicht nur zum Gottesdienst, sondern auch zum Unterricht oder zu Veranstaltungen. Es herrscht Bilderverbot. Im Judentum sind pro Tag drei Gebete vorgeschrieben, das Morgen-, Nachmittags- und Abendgebet, wobei das Nachmittagsgebet mit dem Abendgebet zusammengezogen wird. Montag, Donnerstag, an jedem Schabbat und an Feiertagen wird zusätzlich aus der Tora gelesen. Für den einjährigen Lesezyklus am Schabbat wurde die Tora in 54 Abschnitte (Hebr. Paraschot) unterteilt. An manchen Samstagen gibt es Doppellesungen. Nach Simchat Tora, dem Fest der Freude über die Tora, beginnt man wieder von vorn. Die Torarollen werden in einem Toraschrein aufbewahrt und für den Gottesdienst herausgeholt. Sie sind mit Hand auf Pergament geschrieben; das wertvolle Papier darf nicht berührt werden, daher greift man die Stäbe der Rollen an und verwendet zum Lesen einen Lesestab (Hebr. Jad, wörtl. »Hand«). Die Tora gilt als heilig und muss, wenn sie abgenutzt ist, in einem speziellen Grab beerdigt werden.

Für einen Gottesdienst sind mindestens zehn Juden (Hebr. Minjan) nötig. Im orthodoxen Judentum zählen dazu Männer, im Reformjudentum auch Frauen. Die Volljährigkeit tritt mit der Bar Mitzwa bzw. Bat Mitzwa ein. Ohne Minjan kann ein Gottesdienst zwar stattfinden, bestimmte Gebete jedoch können nicht gesprochen werden. Gebetet wird Richtung Jerusalem. Eine Kopfbedeckung ist nötig. Zum Gebet gehören auch die Tefillin (Gebetskapseln) und der Tallit (Gebetsschal). Im Judentum kommuniziert die Gemeinde direkt mit Gott. Ein Rabbiner, Vorbeter oder Kantor leitet den Gottesdienst. Die Predigt hält meist der Rabbiner. In orthodoxen Synagogen wird gesungen, doch gibt es keine Instrumente. Während des Gottesdienstes wird auch für Kranke gebetet.

Die Gebete ersetzen die Opfer, die früher im Tempel dargebracht wurden. Am Schabbat und an den Feiertagen gibt es ein Zusatzgebet (Mussaf). Es erinnert an das zusätzliche Opfer, das an diesen Tagen im Tempel dargebracht wurde. Ein sehr wichtiges Gebet ist das Schmone Esre, das Achtzehnbittengebet, das ursprünglich 18, heute 19 Segenssprüche beinhaltet. Es wird stehend gesprochen und daher auch als Amida (Hebr. »stehend«) bezeichnet. Morgens und abends wird das Schma Jisrael gesprochen, das Glaubensbekenntnis der Juden (»Höre Israel, der Ewige ist unser Gott, der Ewige ist einzig«, Dewarim/Dt 6,4).

Der christliche
Gottesdienst

Im Christentum findet der Gottesdienst am Sonntag statt, dem Tag der Auferstehung von Jesus, zu kirchlichen Feiertagen oder bestimmten Anlässen. Die Gottesdienste werden in der Kirche, in Gemeindehäusern oder an anderen Orten abgehalten. Meist sind die Kirchen – je nach Bauart – mit reichen Abbildungen und Skulpturen ausgestattet. Der Altar ist der zentrale Ort des Gottesdienstes. An diesem erhöhten Tisch – heute meist aus Stein –, der an den Tisch der Opferungen erinnert, vollzieht der Priester die Wandlung. Kirchen wurden oft über den Gräbern von Märtyrern errichtet; daraus entstand der Brauch und später die Vorschrift, dass in einem Altar Reliquien (Überreste eines Heiligen oder religiöser Persönlichkeiten) unterbracht werden sollten. Gottesdienste können je nach Tradition in vielen verschiedenen Ausprägungen und Formen stattfinden, allerdings immer mit einer grundlegenden, gleichen Struktur beziehungsweise Liturgie. Nach dem Einzug, der Eröffnung und Begrüßung folgt das Kyrie, die Bekenntnis von Schuld und die Bitte um Vergebung. Darauf folgt die Lesung aus der Bibel (Altes und Neues Testament), das Wort Gottes an die Gemeinde. Dazu gehört die Predigt als Auslegung der biblischen Texte, oft adaptiert für den heutigen Alltag. Das Glaubensbekenntnis (Credo) ist die Zustimmung der Gemeinde zum »Wort Gottes«.

Die Abendmahlsfeier erinnert an das letzte gemeinsame Abendmahl von Jesus und seinen Anhängerinnen und Anhängern. Brot und Wein werden symbolisch zum Leib und Blut Christi und bei der Kommunion in Form einer Hostie eingenommen. Lob und Dankgebete können an mehreren Stellen des Gottesdienstes vorkommen. Zum Schluss wird die Gemeinde gesegnet.

Ein vollständiger Gottesdienst wird als Heilige Messe oder Eucharistie (Griech. »Danksagung«) bezeichnet. Die Messe wird von einem Priester, Pastor oder Diakon geleitet. Es gibt aber auch Wortgottesdienste oder Andachten, die von Laien gehalten werden können. Römisch-katholische Gottesdienste wurden früher in lateinischer Sprache abgehalten, orthodoxe Gottesdienste auf Griechisch oder in slawischen Sprachen. Erst durch die Liturgiereform des Zweiten Vatikanischen Konzils wurde die Möglichkeit geschaffen, Gottesdienste in der Landessprache abzuhalten. Der Gesang und die Musik spielen eine größere Rolle in den Gottesdiensten. Im evangelischen Gottesdienst hat die Predigt einen besonderen Stellenwert; das geht auf Martin Luther zurück, dem es ein Anliegen war, dass alle Menschen verstehen, was in der Bibel steht.

Glossar

Akeda   Hebr. wörtl. »Bindung« Isaaks: Gott befiehlt Abraham, seinen Sohn Isaak zu opfern. Im letzten Moment hält Gott Abraham davon ab, seinen Sohn zu töten.

Aktionskunst   Überbegriff für unterschiedliche performative Kunstrichtungen des 20. Jahrhunderts. In Österreich gab es zum Beispiel die Gruppe der Wiener Aktionisten.

Altes Testament   Als Altes Testament bezeichnet die christliche Theologie seit etwa 180 n. Chr. die heiligen Schriften des Judentums, den Tanach.

Amen   Das hebräische Wort Amen stammt aus dem Tanach und drückt die Zustimmung zu Gebet und Segen in der Liturgie aus. Als einer der Begriffe, die in identischer Form in Judentum, Christentum und Islam verwendet werden, wurde er im christlichen Alten und Neuen Testament übernommen und noch später in den Islam weitergetragen.

Anderle von Rinn   Ritualmordlegende des 17. Jahrhunderts, nach der ein Bub namens Anderle im Mittelalter im Tiroler Dorf Rinn von ortsfremden Juden ermordet worden sein soll

Antijudaismus   Das Wort Antijudaismus bezeichnet eine judenfeindliche Einstellung aus überwiegend religiösen Motiven. Antijudaismus beruht sowohl auf religiösen als auch sozialen Vorurteilen.

Antisemitismus Als Antisemitismus werden heute alle pauschalen Formen von Judenhass, Judenfeindlichkeit oder Judenfeindschaft bezeichnet.

Apokryphen Religiöse Schriften jüdischer bzw. christlicher Herkunft aus der Zeit zwischen etwa 200 v. bis ca. 400 n. Chr., die nicht in den jeweiligen biblischen Kanon aufgenommen wurden

Apostel Jemand, der im Verständnis der Tradition des Christentums von Jesus Christus mit der Verkündigung des Glaubens beauftragt wurde

Auferstehung Bezeichnung für die Erweckung Verstorbener zu einem ewigen Leben nach oder aus dem Tod

Bar Mitzwa Hebr. wörtl. »Sohn der Pflicht«: religiöse Mündigkeit von jüdischen Burschen mit 13 Jahren

Bat Mitzwa Hebr. wörtl. »Tochter der Pflicht«: religiöse Mündigkeit von jüdischen Mädchen mit zwölf Jahren

Beschneidung Hebr. »Brit Mila«, die Entfernung der Vorhaut männlicher jüdischer Säuglinge am achten Tag nach der Geburt. Sie gilt im Judentum als Eintritt des männlichen Nachkommen in den Bund mit Gott.

Bischof Jacques Gaillot 1935–2023, 13 Jahre lang römisch-katholischer Bischof von Évreux; nach einem Konflikt mit dem Vatikan und seiner Amtsenthebung war er ab 1995 Titularbischof von Partenia in Algerien und Internetseelsorger.

Bischof Reinhold Stecher 1921–2013, österreichischer Theologe und Bischof der Diözese Innsbruck

Bischöfe In christlichen Kirchen Inhaber eines Leitungsamtes geistlicher und administrativer Art; meistens handelt es sich um die Leitung innerhalb eines bestimmten Gebietes mit mehreren Lokalgemeinden.

Bischofssynode Gremium in der römisch-katholischen Kirche

Crucifige Lat. wörtl. »Kreuzige«: Höhepunkt der Karwoche

David Ben-Gurion 1886–1973, erster Ministerpräsident des Staates Israel; rief mit Verkündung der israelischen Unabhängigkeitserklärung am 14. Mai 1948 den modernen Staat Israel aus

Dekalog Die Zehn Gebote

Dogma Feststehende Definition oder grundlegende, normative Lehraussage, deren Wahrheitsanspruch als unumstößlich festgestellt wird

Emuna Hebr. »Glaube«; Erkenntnis einer tief in der Seele verwurzelten Wahrheit, die unsere Vernunft übersteigt und damit Weisheit, Verstand und Wissen stärkt

Erbsünde Nach christlichem Glauben wird jeder Mensch in eine Welt hineingeboren, in der er ohne eigenes Zutun Leid, Tod, Unrecht und Schuld vorfindet; verursacht durch den Sündenfall von Adam und Eva, indem sie trotz Gottes Verbots vom verbotenen Baum gegessen hatten.

Evangelium Griech. wörtl. »frohe Botschaft«: die vier Bücher des Neuen Testaments, in denen die ersten und letzten Jahre von Jesus beschrieben sind

Fiddler on the Roof Englischer Titel des Musicals *Anatevka* nach dem Roman *Tewje der Milchmann* des jiddischen Schriftstellers Scholem Alejchem

Firmung Eines der sieben Sakramente in der christlichen Religion; zusammen mit der Taufe und der Erstkommunion werden Jugendliche durch die Firmung vollwertige Mitglieder der katholischen Kirche.

Fünf Bücher Mose Die ersten fünf Bücher des Alten Testaments, im Judentum als »Tora«, auf Griechisch als »Pentateuch« bezeichnet. Auf Griechisch tragen sie die Namen Genesis, Exodus, Levitikus, Numeri und Deuteronomium. Im Hebräischen heißen sie nach den ersten Wörtern der jeweiligen Bücher: Bereschit (»im Anfang«) Schemot (»Namen«), Wajikra (»und er rief«), Bamidbar (»in der Wüste«) und Dewarim (»Worte«).

Galiläa Gebiet im Norden Israels

Gesera Bezeichnung für die planmäßige Vernichtung der jüdischen Gemeinden im Herzogtum Österreich durch Herzog Albrecht V. im Jahr 1421

Götzen Abwertende Bezeichnung für einen der eigenen Religion fremden Gott, dessen Darstellung kultisch verehrt wird

Häretiker Jemand, der von der offiziellen Kirchenlehre abweicht

Heidenchristen Bezeichnung für frühe Christen des ersten Jahrhunderts, die nichtjüdischer Herkunft waren

Heilige Schrift Texte, die für eine Religion als Richtschnur dienen; im Judentum steht der Begriff für Tanach und Talmud, im Christentum für die Bibel, die in Altes Testament und Neues Testament aufgeteilt wird.

Hermann Nitsch 1938–2022, österreichischer Maler, Aktionskünstler und bedeutender Vertreter des Wiener Aktionismus

Herodes (der Große) Ca. 73–4 v. Chr., jüdischer König, der aber der Herrschaft der Römer unterworfen war

Herodes Antipas Einer der Söhne und Erben von Herodes dem Großen; er setzte die Politik seines Vaters fort mit dem Versuch, jüdische Tradition und hellenistische Kultur miteinander zu verbinden.

Hillel Einer der prägendsten Lehrer des Judentums, dessen Geduld und Güte legendär wurden; er lebte im ersten Jahrhundert v. Chr.

Hiob Prophet aus der Bibel; Symbol dafür, dass

man auch in schwierigen Zeiten den Glauben an Gott nicht verlieren soll

Hosianna Hebr. »Hilf, bitte«: entwickelte sich zum Heilsruf eines Bittenden, der auf die göttliche Rettung vertraut und seinem Retter zujubelt

Hostie Oblate, die im katholischen Gottesdienst an das letzte Abendmahl erinnern soll; durch den Verzehr dieses hauchdünnen Brotes nehmen die Christen symbolisch Jesus in sich auf.

Inquisition 1231 durch Papst Gregor IX. maßgeblich eingerichtet; die Kirche ging bis zur Aufklärung grausam und mittels Folter gegen Ketzer (= Andersgläubige), Frauen und Wissenschaftler vor.

Jesaja Der erste große Schriftprophet der hebräischen Bibel

Jom Kippur Hebr. wörtl. »Versöhnungstag«: Höchster jüdischer Feiertag des Jahres

Jona Der einzige Buchprophet der Bibel, der im Koran namentlich genannt wird

Joppe Das heutige Jaffa bei Tel Aviv

Judenchristen Vielfältige Gruppen von jesusgläubigen Juden bzw. Christen mit jüdischer Prägung in der Antike

Jungschar Die Katholische Jungschar ist die Kinderorganisation der Katholischen Kirche Österreichs.

Kanon Reihe von Büchern, die das Judentum und

das Christentum als Bestandteile ihrer Bibel festgelegt (kanonisiert) und so zum Maßstab
(= Kanon) ihrer Religionsausübung gemacht
haben

Kardinal Christoph Schönborn Geb. 1945, Wiener Erzbischof

Karl VI. 1685–1740, römisch-deutscher Kaiser und
Erzherzog von Österreich, Vater von Maria Theresia

Katechese Der kirchliche Unterricht im Bereich
der christlichen Kirchen, die theoretische und
praktische Einführung in den christlichen Glauben

Kippa Traditionelle religiöse Kopfbedeckung jüdischer Männer; gläubige Juden zeigen damit ihre
Ehrfurcht und Demut gegenüber Gott.

Kohanim (Sg. Kohen) Geistige Elite des biblischen Judentums, die zum Tempeldienst einge-
setzt wurde und daher besondere Verhaltensvor-
schriften hatte; für sie gelten besondere Gebote
und Verbote, besonders die Reinheitsgebote.

Kreuzzüge Im Mittelalter von der lateinischen
Kirche sanktionierte, strategisch, religiös und
wirtschaftlich motivierte Kriege gegen Andersgläubige, die oft zu grausamer Verfolgung führten

Lamm Gottes/Opferlamm Lat. »Agnus Dei«: seit
ältester Zeit im Christentum verbreitetes Symbol

für Jesus Christus. Als Osterlamm, gekennzeichnet mit der Siegesfahne, ist es ein Symbol für die Auferstehung Jesu. Es ist häufiger Bestandteil christlicher Kunst.

Lesungen Vorlesen aus der Bibel im Gottesdienst

Letztes Abendmahl Dem Neuen Testament zufolge kam Jesus zum letzten Mal vor seinem Tod am Sederabend, dem ersten Abend des Pessachfestes, mit seinen zwölf Jüngern zusammen.

Liturgie Bezeichnung für die Ordnung und Gesamtheit der religiösen Zeremonien und Riten des Gottesdienstes

Lourdes Französischer Wallfahrtsort, wo ein Mädchen eine Marienerscheinung gehabt haben soll

Maria Magdalena Begleiterin Jesu und Zeugin seiner Kreuzigung und Auferstehung

Maria Theresia 1717–1780, eine Fürstin aus dem Hause Habsburg; regierende Erzherzogin von Österreich und Königin unter anderem von Ungarn und Böhmen

Märtyrer Menschen, die um das Bekenntnis ihres Glaubens Willen leiden und dafür den Tod erdulden

Matzot Ungesäuertes Brot, das zum jüdischen Feiertag Pessach acht Tage lang gegessen wird

Melito von Sardes Gest. 180 n. Chr., Bischof in Sardes bei Smyrna in der Türkei

Messias   Bezeichnung, die aus den heiligen Schriften im Judentum stammt, dem Tanach; wörtl. »Gesalbter«, bedeutet auch »Befreier, Erlöser aus Unterdrückung«

Mesusa   Hebr. wörtl. »Türpfosten«: Kapsel am Türrahmen, die eine kleine Schriftrolle mit Teilen des Gebets Schma Jisrael enthält und in den Häusern traditionell lebender Juden zu finden ist

Michelangelo Buonarotti   1475–1564, italienischer Maler, Bildhauer, Baumeister, Architekt und Dichter

Mikwe   Rituelles Tauchbad im Judentum

Ministrant   Junge bzw. Mädchen, der/das den katholischen Priester beim Gottesdienst unterstützt

Mitzwot (Sg. Mitzwa)   Die 613 Gebote und Verbote im jüdischen Glauben

Mohel   Ausgebildeter Fachmann, der die Beschneidung (Brit Mila) vornimmt

Monstranz   Kostbar verziertes Behältnis, in dem die Hostie zur Verehrung gezeigt wird

Moses   Zentralfigur in der Tora; nach biblischer Überlieferung erhielt er die Tafeln mit den zehn Geboten und führte von Gott beauftragt das Volk der Israeliten auf einer 40 Jahre währenden Wanderung aus der ägyptischen Sklaverei in das kanaanäische Land.

Nazareth   Stadt in Israel, wo Jesus angeblich geboren wurde

Neues Testament   Sammlung von 27 Schriften des Urchristentums in griechischer Sprache; sie beziehen sich oft auf den Tanach bzw. das Alte Testament, und verkünden Jesus als Retter der Welt und Messias.

Noachidische Gebote   Sieben Gebote im Judentum, die für alle Menschen gelten und auf den Bund Noahs mit Gott zurückgehen: Verbot von Mord, Diebstahl, Anbetung von Götzen, Unzucht, Verbot, das Fleisch eines lebenden Tieres zu essen, Verbot der Gotteslästerung und Einführung von Gerichten zur Wahrung des Rechts

Noli me tangere   Lat. wörtl. »Berühre mich nicht«: Dieser Ausspruch ist in der lateinischen Übersetzung des Johannesevangeliums der an Maria Magdalena gerichtete Ausspruch Jesu nach seiner Auferstehung und soll bedeuten »Halte mich nicht fest«.

Nostra aetate   Haltung der Kirche zu den nichtchristlichen Religionen, die das Zweite Vatikanische Konzil am 26. Oktober 1965 verabschiedete; sie bestätigt die bleibende Erwählung des Judentums, in dem das Christentum wurzelt, und dass es auch in Religionen außerhalb der Kirche Wahrheiten gibt.

Papst   Deutschsprachiger geistlicher Titel für den

Bischof von Rom als Oberhaupt der römisch-katholischen Kirche

Papst Franziskus   Geb. 1936, seit 13. März 2013 der 266. Papst der römisch-katholischen Kirche

Papst Pius XII.   1876–1958, vom 2. März 1939 bis zu seinem Tod im Jahr 1958 der 260. Papst

Paradies   Nach jüdischer und daraus abgeleitet christlicher und islamischer Vorstellung der Ort, wo die Menschen zu Anfang ihrer Existenz gelebt haben, bis sie daraus verstoßen wurden

Paulinische Briefe   14 im Neuen Testament überlieferte Briefe, die dem Apostel Paulus als Verfasser zugeschrieben werden

Paulus   Paulus von Tarsus, hebräischer Name Scha'ul (Saulus), war ein Zeitgenosse von Jesus und der bedeutendste Missionar des Urchristentums. Er trug entscheidend dazu bei, den neuen Glauben auch für Nichtjuden zu öffnen.

Pessach   Hebr. wörtl. »Überschreiten«: Achttägige Feier zur Erinnerung an den Auszug aus Ägypten, die alljährlich im Judentum als großes und wichtiges Familienfest begangen wird. Man isst acht Tage lang nichts Gesäuertes und putzt vor den Feiertagen die Wohnung gründlich, damit keine Spur von Brot vorhanden ist. Dadurch wird daran erinnert, dass der Auszug so rasch vonstattengehen musste, dass man keine Zeit hatte, das Brot gären zu lassen.

Petrus   Simon Petrus war nach dem Neuen Testament einer der ersten Juden, die Jesus Christus in seine Nachfolge berief. Er wird dort als Sprecher der Apostel, aber auch als Verleugner Jesu Christi, Augenzeuge des Auferstandenen dargestellt. Petrus soll erster Bischof sowie Gründer der Gemeinde von Rom gewesen sein und dort das Martyrium erlitten haben.

Pharisäer   Gelehrte jüdische Gruppierung im antiken Judentum und treibende Kraft des rabbinischen Judentums

Pontius Pilatus   Von 26 bis 36 n. Chr. Präfekt des römischen Kaisers Tiberius in der Provinz Judäa; in der Passionsgeschichte verurteilt er Jesus von Nazareth zum Tod am Kreuz.

Prälat Johannes Österreicher   1904–1993, österreichischer katholischer Geistlicher jüdischer Abstammung

Propheten   Griech. wörtl. »Fürsprecher«, »Sendbote«: Verkünder der Botschaft Gottes, daher kommt das Wort Prophezeiung

Psalm, Psalmen   In Judentum und Christentum gebräuchlicher poetischer religiöser Text mit liturgischer Funktion aus dem Buch der Psalmen im Tanach. Einige Texte aus dem Neuen Testament werden der Gattung »Psalm« zugeordnet, da sie auf jüdische Vorlagen zurückgehen.

Qumran-Rollen   Antike jüdische Texte, die in Höhlen nahe der archäologischen Ausgrabung von Qumran gefunden wurden

Rabbanit Auf Jiddisch auch Rebbetzin, Ehefrau eines Rabbiners

Rabbinat Amt des Rabbiners

Rabbiner Jüdischer Geistlicher; Lehrer, Seelsorger und Gottesdienstleiter

Riesentor Ganz allgemein das Haupttor eines Gotteshauses; heute versteht man unter Riesentor das an der romanischen Westfassade gelegene Haupttor des Stephansdoms.

Römerbrief Brief des Paulus an die Römer, eine Schrift des Neuen Testaments der christlichen Bibel

Sadduzäer, Essener Gruppen des Judentums in Israel zur Zeit des Zweiten Tempels

Schabbat Wöchentlicher jüdischer Ruhetag von Freitagabend bis Samstagabend

Schammai Gründer einer pharisäischen Toraschule, wichtigster Konkurrent seines Lehrers Hillel. Er wird in der rabbinischen Literatur im Gegensatz zum gütigen und sanften Hillel als strenger und reizbarer Gelehrter dargestellt.

Schawuot Hebr. wörtl. »Wochen«: jüdisches Wochenfest – zwischen Pessach und Schawuot liegen sieben Wochen. Jüdinnen und Juden feiern den Erhalt der Tora, eine ganze Nacht lang wird gelernt.

Schir haSchirim   Hebr. »Lied der Lieder«: Hoheslied, ein Buch des Tanach. Es umfasst eine Sammlung von zärtlichen, teilweise erotischen Liebesliedern, in denen das Suchen und Finden, das Sehnen und gegenseitige Lobpreisen zweier Liebender geschildert wird, was als Liebe zwischen Gott und Mensch ausgelegt wird.

Sedermahl   Zeremonielle Mahlzeit zu Beginn des jüdischen Pessachfestes

Shoah   Wörtl. »Katastrophe/Vernichtung«: hebräische Bezeichnung für den Holocaust

Singertor   Südwestlicher Eingang in den Stephansdom

Stephansdom   Domkirche am Wiener Stephansplatz

Synagoge   Griech. wörtl. »Versammlung«: Raum, in dem sich die jüdische Gemeinde zum Gebet versammelt

Tanach   Hebräische Abkürzung für die Heilige Schrift (»T« = Tora, die Fünf Bücher Mose; »N« = Newi'im, die Propheten; »K«, das sich am Wortende in ein »ch« verwandelt, = Ketuwim, die »Schriften«, also Sprüche, Prediger, Psalmen und die Bücher Esther, Ruth und Daniel)

Theologie   Griech. wörtl. »Lehre von Gott«

Tora   Fünf Bücher Mose, Kern der hebräischen Bibel

Typologie   Christliche Inbezugsetzung alttesta-

mentlicher Figuren und Ereignisse zu neutestamentlichen

Verstockungstheorie Nach dieser Theorie soll
Gott die Herzen der Juden verstockt haben, wes-
halb sie nicht in der Lage gewesen seien, Jesus als
Messias zu erkennen.

Wolfgang Feneberg 1935–2018, deutscher römisch-
katholischer, später evangelisch-lutherischer
Theologe, Neutestamentler, ehemaliger Jesuit und
Pfarrer i. R. der evangelisch-lutherischen Kirche in
Bayern

Zachäus Jüdischer Zollpächter aus Jericho, von
dessen Begegnung mit Jesus das Neue Testament
erzählt

Zehn Gebote Grundsätzliche Gebote und Verbote;
in der hebräischen Bibel wird nicht von den »Zehn
Geboten«, sondern von den »Zehn Worten«
gesprochen. Der entsprechende griechische Aus-
druck lautet »Dekalog«.

Zweites Vatikanisches Konzil Von Papst Johannes XXIII. mit dem Auftrag zu pastoraler und öku-
menischer Erneuerung einberufen

Zwölf Stämme Israels Bilden nach der Überlieferung in der Tora das Volk Israel

Zeittafel: Judentum

BIBLISCHE ZEIT

2000 bis 1250 vor der Zeitrechnung	1250 bis 1050 v. d. Z.
Gott beschließt den Bund mit Abraham; dieser siedelt sich mit seiner Frau im Land Kanaan an.	Auszug aus Ägypten, Befreiung aus der ägyptischen Sklaverei
Bildung von Siedlungstraditionen der Patriarchen; Entwicklung von Stammeslinien (zwölf Stämme)	Bildung einer Bundesgemeinschaft; Eroberung und Besiedlung von Kanaan
Joseph wird von seinen Brüdern verkauft und gelangt nach Ägypten.	Entwicklung von Stammesstrukturen und Formen nationaler Führung

1050 bis 587/6 v. d. Z.

Aufstieg und Errichtung der Monarchie unter König David

Der Erste Tempel wird von Salomo, dem Sohn Davids, erbaut.

Entwicklung antiker israelitischer Institutionen und Literatur; religiöse Kreativität; Entstehung der klassischen Prophezeiung mit Amos (Mitte des 8. Jahrhunderts)

Assyrer erobern Samaria; Verbannung von zehn nördlichen Stämmen (722/1)

Die Tempel in Jerusalem und Judäa werden von den Babyloniern zerstört; Exilierung der Juden nach Babylon (587/6)

(BIBLISCHE ZEIT)

**539 bis 70 nach
der Zeitrechnung**

Beginn der Rückkehr nach Zion; Wiederherstellung alter
Institutionen und Führung; der Tempel wird wieder auf-
gebaut (515).

Entstehung des klassischen Judentums, in dessen Mittelpunkt das Gesetz und seine Auslegung stehen

Aufstieg der griechischen Macht in Palästina (332); Verbot
jüdischer Praktiken durch Antiochos IV.

Aufstand der Makkabäer (168) und Wiederherstellung
und Reinigung des Tempels (165), Chanukka-Wunder

Entwicklung verschiedener religiöser Gruppen in Palästina und Entwicklung des jüdischen Lebens in Alexandria;
Verbindung jüdischer Kultur mit hellenistischem Denken

Entstehung der Pharisäer als dominierende religiöse
Bewegung, Festigung ihrer Ideale der Gelehrsamkeit und
Frömmigkeit

Aufstieg der römischen Herrschaft; Eroberung Palästinas
im Jahr 63 v. d. Z.

RABBINISCHE PERIODE

**70 bis 700
n. d. Z.**

Bildung des Rabbinischen Judentums; Entwicklung von rabbinischen Studien- und Interpretationsschulen

Zerstörung des Zweiten Tempels durch die Römer (70)

Rabbi Jochanan ben Sakkai gründet in Jawne ein Zentrum für Rechtsstudien und Verwaltungsherrschaft.

Konferenz zur Heiligsprechung biblischer Literatur in Jawne (90)

Rabbi Jehuda haNasi stellt die Mischna zusammen, die schriftliche Zusammenfassung der mündlichen Überlieferungen und Regeln der Gesetzeslehrer.

Gründung babylonischer Rabbinerakademien und Entwicklung umfangreicher Kommentare zur Mischna, Talmud genannt, durch die Amoräer (jüdische Gelehrte); durch die Konsolidierung dieser Kommentare und anderer Traditionen entstehen der Jerusalemer und der babylonische Talmud (Mitte des 5. bis 6. Jahrhundert).

MITTELALTER BIS NEUZEIT

**700 bis 1290
n. d. Z.**

Konsolidierung von Rechtstraditionen und Liturgie;
die Masoreten (Gelehrte) etablieren den traditionellen
Text der Bibel (Rabbinische Bibel).

Jüdisches Leben breitet sich von Eretz Israel nach
Spanien, Marokko, Irak und darüber hinaus aus.

Entwicklung jüdischer Institutionen und literarischer
Kreativität

Jüdisches Leben beeinflusst durch Christentum und
islamische Zivilisationen

Wiederholte Verfolgungen und Massaker an Juden in
vielen europäischen Ländern

**1290 bis 1750
n. d. Z.**

Vertreibung von Juden aus England (1290), Frankreich (1306), Spanien (1492) und Portugal (1497); 1516 wird in Venedig das Ghetto eingeführt.

Bedeutende Denker (vor allem Raschi, geb. 1040) kommentieren und festigen die biblischen und rabbinischen Traditionen.

Entwicklung philosophischer Ausdrucksformen der jüdischen Theologie, vor allem durch Maimonides (geb. 1138); Entstehung neuer Trends in der jüdischen Mystik in Spanien und Deutschland: Der Zohar wird im späten 13. Jahrhundert in Spanien geschrieben.

Wiederbelebung der jüdischen Mystik im 16. Jh. in Safed, angeführt von Joseph Karo und Isaac Luria; der Schulchan Aruch (Zusammenstellung jüdischer Gesetze) entsteht.

Wichtige Periode des Talmud-Studiums in Polen (16. bis 18. Jh.).

Die jüdische Gemeinde in New Amsterdam (später New York) wird gegründet (1654).

AUFKLÄRUNG BIS HEUTE

**Ab 1750
n. d. Z.**

Entstehung neuer Muster jüdischen Lebens aufgrund sozialer und ideologischer Revolutionen in Europa, die auch zur Herausforderung für die rabbinische Strukturen in Osteuropa werden

Entwicklung säkularer jüdischer Aufklärungs- und religiöser Reformbewegungen in Westeuropa

Wiederbelebung des Chassidismus unter der spirituellen Führung des Baal Schem Tov in Osteuropa

Widerstand der traditionellen Orthodoxie in Osteuropa; erste Anpassungen (Assimilation) an die europäische Kultur

Ausbreitung neuer religiöser Entwicklungen in den USA im 19. Jh.; Gründung der Union of American Hebrew Congregations (Reform) 1873 und des Jewish Theological Seminary of America (Conservative) 1886

Ab 1881 Entstehung des Zionismus; Herzl schreibt ein zionistisches Manifest (*Der Judenstaat*, 1896). 1897 wird die zionistische Bewegung gegründet; Neubesiedlung von Eretz Israel (verstärkt durch die Verfolgungen in Russland und anderen Ländern); Wiederbelebung der hebräischen Sprache; 1909 wird Tel Aviv gegründet.

1933-45 Verfolgung, Vertreibung, Ermordung von sechs Millionen Jüdinnen und Juden im Zweiten Weltkrieg; Entwicklung des jüdischen Widerstands in Europa (Aufstand im Warschauer Ghetto 1943)

Bedingt durch die Verfolgung massive Rückkehr nach Eretz Israel; Etablierung von sozialen, kulturellen und politischen Institutionen; 1948 Gründung des Staates Israel

Teilung des Landes zwischen Juden und Arabern; häufige Konflikte; Sechstagekrieg (1967), jüdische Wiedervereinigung Jerusalems; die alte Tempelmauer wird wiederhergestellt und alte heilige Stätten als für alle zugänglich erklärt.

Wiedergründung jüdischer Gemeinden in Europa

Zeittafel: Christentum

27 v. Chr.–14 n. Chr.: Augustus römischer Kaiser

14–37: Tiberius römischer Kaiser

Ca. 7/4: Geburt von Jesus in Nazareth

Jahr 1: Beginn der christlichen Zeitrechnung (im 6. Jh. fälschlich durch Abt Dionysius festgelegt)

30: Kreuzigung Jesu unter dem römischen Prokurator Pontius Pilatus

10–64: Saulus/Paulus; nach Bekehrung in Damaskus Missionstätigkeit in Kleinasien, Griechenland und Rom

48/50: Apostelkonzil in Jerusalem; Auseinandersetzungen zwischen judenchristlichen und heidenchristlichen Interessen

48–56: Paulusbriefe

Ca. 64: Martyrium des Paulus in Rom während der Christenverfolgung

70: Zerstörung Jerusalems durch Titus unter Kaiser Vespasian nach der Niederschlagung des jüdischen Aufstands (seit 66); Errichtung des Titusbogens (= Triumphbogens) in Rom; Entstehung des Markusevangeliums

80–90: Entstehung der Evangelien nach Matthäus und Lukas

Ca. 100: Entstehung des Johannesevangeliums

Ca. 150: Entstehung des Glaubensbekenntnisses

Um 200: Christentum breitet sich in Kleinasien, Britannien, Nordafrika, Persien, Gallien aus.

303–311: Letzte Christenverfolgung unter Diokletian

367: Kanon des Neuen Testaments (mit 27 Einzelschriften und 4 Evangelien) wird festgelegt

380: Kaiser Theodosius der Große (379–395) führt das Christentum als Staatsreligion ein

Um 400: Christentum in Zentralasien und Ostafrika nachgewiesen

395–430: Augustinus entwickelt die Lehre von Gnade und Kirche weiter

432: Patrick als Missionar unter den Iren

440–461: Papst Leo der Große; Ausprägung der Papstidee; höchster Richter, Lehrer und Verwalter

428–451: Entwicklung der Zweinaturenlehre (Christologie)

451: 4. Ökumenisches Konzil zu Chalkedon (Zweinaturenlehre zur Person Jesu Christi, aber nicht vermischt)

498: Übertritt des Frankenkönigs Chlodwig zur Kirche; Begründung des christlichen Abendlandes

Um 600: Christentum in China (Nestorianer)

590–604: Gründung des Kirchenstaates unter Gregor dem Großen

800: Karl der Große (768–814) in Rom zum Kaiser gekrönt

910: Gründung des Klosters Cluny in Burgund (Cluniazensische Kloster-reform)

250–1000: Christianisierung der Germanen

1054: Spaltung in Ost- und Westkirche (griechische und römische Kirche)

1073–1085: Papst Gregor VII.; Kampf der Kirche, um die Welt zu einem Gottesstaat zu machen

1074: Einführung des Priesterzölibats unter Papst Gregor VII.

1075–1122: Investiturstreit in Deutschland: Dürfen Fürsten Bischöfe einsetzen? Konkordat von Worms als Kompromiss durch Gregor IX.

1231/32: Einrichtung der päpstlichen Inquisition zur Verfolgung von Abtrünnigen

KREUZZÜGE

1095–1270: Kreuzzüge als Versuch der Eroberung der heiligen Stätten in Palästina, brutale Verfolgen von Juden und Muslimen, Entstehung der Ritter- und Spitalorden

1096–1099: Eroberung von Antiochia und Jerusalem

1187: Sultan Saladin erobert Jerusalem

1189–1192: Eroberung von Akko und Zypern, Vertrag mit Saladin

1202–1204: Eroberung von Konstantinopel; Gründung des lateinischen Kaiserreiches von Byzanz

1212: »Kinderkreuzzug«

1228/1229: Kaiser Friedrich II. einigt sich friedlich mit dem Emir von Jerusalem; Rückgewinnung Jerusalems

1248–1254: Angriff auf Ägypten endet mit einer Niederlage

1270: Niederlage vor Tunis

1291: Fall der letzten christlichen Stützpunkte im Heiligen Land

REFORMATIONSZEIT

1414–1418: Konzil in Konstanz; Jan Hus (1369–1415) wird während des Konstanzer Konzils (1415) als Ketzer verbrannt, anschließend Hussitenkriege in Böhmen

1431–1449: Konzil von Basel; »Reform der Kirche an Haupt und Gliedern« gefordert

1439–1442: Konzil von Florenz; Festschreibung des Trinitätsdogmas

1452/1455: Druck der ersten (Vulgata-)Bibel bei Gutenberg in Mainz

1492: »Entdeckung« Amerikas durch Kolumbus

1484–1531: Huldrych Zwingli, Einführung der Reformation in Zürich

1483–1546: Martin Luther, Augustinermönch, Bibelübersetzung, Einführung der Reformation in Nord- und Mitteldeutschland

1509–1564: Johannes Calvin, Reformator Genfs

Ab 1552: Abendmahlsstreit; Trennung von Calvinisten (Reformierten) und Lutheranern

1521–1555: Reichstage und sogenannte Abschiede, die zur Bannung Luthers und zur zwischenzeitlichen Verurteilung der reformatorischen Lehre führten

1531: Heinrich VIII., König von England, gründet eine eigene Staatskirche (Anglikaner/Church of England)

1555: Augsburger Religionsfriede, in dem festgelegt wird, dass die Konfession des Landesherrn auch die Konfession der Untertanen bestimmte; infolgedessen erhebliche Migrationsbewegungen

1562–1589: Erarbeitung reformierter Bekenntnisse als Grundlage lutherischen bzw. reformierten Glaubens

GLAUBENSKRIEGE UND
AUSGLEICHVERSUCHE

1545–1563: Im Konzil zu Trient baut die katholische Kirche ein Gegenkonzept gegen die reformatorischen Lehren auf; Beginn der Gegenreformation

1582: Durch Papst Gregor XIII. durchgeführte Reform des Julianischen Kalenders (darum: Gregorianischer Kalender)

1618–1648: Dreißigjähriger Krieg endet mit dem Westfälischen Frieden in Münster

1781: Toleranzpatent Joseph II.: Duldung der Nicht-katholiken in Österreich-Habsburg

1854: Papst Pius IX. dogmatisiert die jungfräuliche Geburt Mariens

1869/70: Erstes Vatikanisches Konzil unter Papst Pius IX.; Rechtsstellung des Papstes als Priorität, Unfehlbarkeit seiner offiziellen Aussagen Lehre und Sitte

1871: Trennung der Altkatholiken von der Römischen Kirche aufgrund des Papstamtes

KIRCHEN UND ÖKUMENISCHE BEWEGUNG IM 20./21. JAHRHUNDERT

1905: Trennung von Staat und Kirche in Frankreich

1948: Gründung des Ökumenischen Rates der Kirchen

1950: Dogmatisierung der Himmelfahrt Mariens durch Papst Pius XII.

1961: Vollversammlung des Ökumenischen Rates der Kirchen in Neu-Delhi; Basisformel für alle Mitgliedskirchen erarbeitet: Jesus Christus als gemeinsame Grundlage des Glaubens

1962–1965: Zweites Vatikanisches Konzil unter Papst Johannes XXIII.; Klärung des Verhältnisses zu den anderen Religionen, *Nostra aetate*

1965: Aufhebung des Kirchenbannes zwischen Katholiken und Orthodoxen, der seit 1054 bestand

1978: Papst Johannes Paul I. (stirbt nach nur 33 Tagen im Amt)

1978–2005: Papst Johannes Paul II.

2005–2013: Papst Benedikt XVI. (Amtsverzicht 2013)

1986: Friedensgebet von Assisi; Papst Johannes Paul II. betet mit Vertretern der Religionen

2002: Weltgebetstreffen der Religionen in Assisi (24.01.02)

2010: Zusammenschluss des Reformierten Weltbundes und des Reformierten Ökumenischen Rates zur Weltgemeinschaft Reformierter Kirchen

2013: Papst Benedikt XVI. erklärt seinen Amtsverzicht

Seit 2013: Papst Franziskus

Literatur

Baeck, Leo: Die Pharisäer. Ein Kapitel jüdischer Geschichte. Berlin 1934.

Baltes, Guido: Jesus, der Jude, und die Missverständnisse der Christen. Marburg 2013.

Beilner, Wolfgang: Christus und die Pharisäer. Freiburg im Breisgau 1959.

Brumlik, Micha: Entstehung des Christentums. Berlin 2010.

Deines, Roland: Die Pharisäer. Ihr Verständnis im Spiegel der christlichen und jüdischen Forschung seit Wellhausen und Graetz (Wissenschaftliche Untersuchungen zum Neuen Testament, Band 101). Tübingen 1997.

Diener, Michael (Hg.): Weiter. Echter. Tiefer. Leidenschaftlich glauben. Gießen 2019.

Fishbane, Michael A.: Judaism. Revelation and Religions (Religious Traditions of the World). San Francisco 1987.

Fredriksen, Paula: Als Christen Juden waren (Judentum und Christentum, Band 27). Stuttgart 2021.

Fredriksen, Paula: From Jesus to Christ. London 1988, 2000.

Gehring, René: Die antiken jüdischen Religionsparteien. Essener, Pharisäer, Sadduzäer, Zeloten

und Therapeuten (Schriften der Forschung: Historische Theologie, Band 2). St. Peter am Hart
2012.

Himmelbauer, Markus (Hg.); **Jäggle, Martin** (Hg.);
Siebenrock, Roman A. (Hg.); **Treitler, Wolfgang**
(Hg.): Erneuerung der Kirchen. Perspektiven aus
dem christlich-jüdischen Dialog (Quaestiones
disputatae, Band 290). Freiburg im Breisgau 2018.

Homolka, Walter: Jesus von Nazareth im Spiegel
jüdischer Forschung (Jüdische Miniaturen). Berlin 2011.

Jedin, Hubert (Hg.): Handbuch der Kirchengeschichte. Freiburg im Breisgau/Basel/Wien 1978.

Jochum, Herbert (Hg.): Ecclesia und Synagoga. Das
Judentum in der christlichen Kunst (Ausstel-
lungskatalog). Saarbrücken 1993.

Kraus, Wolfgang (Hg.); **Töllner, Axel** (Hg.); **Müller,
Monika** (Hg.); **Raithel, Jan** (Hg.); **Tilly, Michael**
(Hg.): Das Neue Testament – jüdisch erklärt.
Lutherübersetzung. Stuttgart 2022.

Küng, Hans: Das Christentum. Wesen und
Geschichte. München 1994.

Lapide, Pinchas: Jesus – ein gekreuzigter Pharisäer? Gütersloh 1991.

Lenzen, Verena: Schalom Ben-Chorin. Ein Leben
im Zeichen der Sprache und des jüdisch-christlichen Gesprächs (Jüdische Miniaturen). Berlin
2013.

Mayeur, Jean-Marie; Brox, Norbert: Die Geschichte des Christentums. Religion, Politik, Kultur. 14 Bände. Freiburg/Basel/Wien 1991–2007.

Moeller, Bernd: Geschichte des Christentums in Grundzügen. Göttingen 2008.

Pawlowsky, Peter: Christentum. Wien 1994.

Rothschild, Fritz A.: Christentum aus jüdischer Sicht. Fünf jüdische Denker des 20. Jahrhunderts über das Christentum und sein Verhältnis zum Judentum. Berlin/Düsseldorf 1999.

Schäfer, Peter: Anziehung und Abstoßung. Juden und Christen in den ersten Jahrhunderten ihrer Begegnung. Tübingen 2015.

Schoeps, Julius; Schlör, Joachim (Hg.): Bilder der Judenfeindschaft. Antisemitismus, Vorurteile und Mythen. Augsburg 1999.

Sierszyn, Armin: 2000 Jahre Kirchengeschichte. 4 Bände. Holzgerlingen 1995–2000.

Tiwald, Markus: Frühjudentum und beginnendes Christentum. Gemeinsame Wurzeln und das *Parting of the Ways*. Stuttgart 2022.

Bildnachweis

Stefan Knittel (33, 35, 147), Franz Zehetner (102),
Danielle Spera (151, 155)

Der Verlag hat alle Rechte abgeklärt. Konnten in einzelnen Fällen die Rechteinhaber der reproduzierten Bilder nicht ausfindig gemacht werden, bitten wir, dem Verlag bestehende Ansprüche zu melden.

Danksagung

Mit herzlichem Dank an jene Menschen, die mir Lehrer und Wegbereiter waren und sind:
Dana Shklarek, Oberrabbiner Paul Chaim Eisenberg und vor allem meinen Mann, Martin Engelberg, für sein profundes Wissen, das er nicht nur jeden Freitagabend mit mir teilt.
Mein Dank gilt auch Sina Will für ihr umsichtiges Lektorat.
Danielle Spera